벤처노믹스

VENTURE
NOMICS

벤처노믹스

김기영
지음

지음미디어

차 례

대한민국의 트릴레마

한국은 압축성장의 상징이었다. 수출이 늘고, 도시가 확장되고, 월급이 해마다 올랐다. 노력은 곧 상승이었다. 6·25 전쟁으로 황폐해진 국토 위에 만들어진 '한강의 기적'이었다. 하지만 작금의 대한민국호는 활주로 위에 멈춰 서 있다. 기체는 번듯하지만 엔진은 추진력을 잃었다. 그 중심에는 부동산, 저출산, 미-중 갈등이라는 세 가지 축이 놓여 있다.

부동산: 자본의 고착

한국 가계 자산 중 부동산이 차지하는 비중은 70~80%에 이른다. 30~40% 수준인 미국과 일본 대비 약 두 배다. 노동생산성은 지난 10년간 경제협력개발기구OECD 국가 중 최하위권을 맴돌았는데, 국제결제은행BIS은 부동산으로 신용이 과도하게 쏠리는 현상이 국가의 생산성에 부정적인 영향을 미칠 수 있음을 경고했다.

부동산을 악마화할 이유는 없다. 정당한 수익으로 적법하게 부동산을 취득한 개인에게 비난의 화살을 돌리는 건 합리적이지 않다. 문제는 자본의 성격이다. 부동산에 묶인 돈은 혁신을 거부한다. 새로운 기술이 등장해도 그 자본은 위험을 감수하지 않는다. 국가 전체의 리스크 감수 성향이 낮아지고, 혁신의 총량이 줄어든다. '에테르노 청담'으로 흘러든 자본이 차세대 반도체 IP를 만들거나 AI 스타트업의 시드머니가 되기는 어렵다는 뜻이다.

한국에서 부동산은 단순한 자산이 아니라 금융 질서의 중심이다. 지난 20년 동안 학습된 결과로, '합리적인' 한국인은 노동보다 레버리지를 믿게 됐다. 부동산은 한국 사회에서 거의 유일하게 '실패하지 않는 투자'로 여겨진다. 담보가 확실하고, 상승 기대가 견고하다. 그 결과, 개인과 기업은 부동산을 담보로 가능한 한 큰 폭의 대출을 일으키는 구조가 만들어졌다. 하지만 그 대출은 공짜가 아니다. 이자 비용은 가계의 가처

분소득을 갉아먹고, 내수의 탄력을 떨어뜨린다. 같은 소득이라도 원리금 상환이 커질수록 소비와 투자의 여력은 줄어든다. 경제 전체로 보면 생산적 자본으로의 이동이 지연되고, 사회의 무게 중심이 '창조에서 보존으로' 이동한다. 금융의 구조가 부동산 담보 중심으로 설계된 사회에서는 위험 회피가 집단행동으로 강화되기 쉽다.

인적 자원의 흐름에도 왜곡이 생긴다. 주택 매입의 핵심 조건이 안정적 현금흐름일 때, 경제의 방향은 '대출 가능한 삶'으로 기울어진다. 금융은 예측 가능한 소득을 가진 직업군에 더 낮은 금리와 더 큰 한도를 제공한다. 대기업·전문직·공공 부문 선호가 강화되고, 위험을 감수하는 경로(창업·초기 스타트업 이직)는 상대적으로 불리해진다. 대기업에 남는 것이 목표여서가 아니라, 여러 제약 아래에서 그것이 가장 합리적인 선택이기 때문이다. '네 살 의대반' 같은 서울 대치동 학원가의 마케팅 용어와도 일맥상통한다. '공대에 미친 중국, 의대에 미친 한국'이라는 관점으로 다큐를 제작한 KBS 〈인재전쟁〉의 PD도 이런 기현상의 핵심 키워드는 결국 '불안과 안정'이라고 강조했다.

미국 스탠퍼드대학교에서 발간한 〈혁신과 창업을 통한 경제적 임팩트Stanford University's Economic Impact via Innovation and Entrepreneurship⟩

보고서에 따르면 1930~2010년 스탠퍼드 출신이 세운 기업의 수는 약 3만 9,900개이며, 이들 기업이 창출한 일자리만 540만 개에 이른다. 흥미로운 점은 연구에 참여한 응답자 중 29%가 영리 또는 비영리 조직을 창업한 적이 있었고, 32%는 스타트업과 연관된 커리어를 만들었다고 답변했다. 수천조 원의 시장을 주도하는 OpenAI의 CEO 샘 알트먼도 스탠퍼드 출신인데, 2학년 때 컴퓨터공학과를 중퇴한 후 창업가의 길을 걸었다. SKY 중퇴생의 80~90%가 의대와 치대로 이동하는 한국의 현실과는 상당히 대조적이다.

정책도 자유롭지 않다. 정권마다 접근 방식은 달랐지만, 공통점이 있다. 부동산은 언제나 표심과 직결된다는 사실이다. 서울과 수도권 인구는 전국의 절반 이상을 차지한다. 집값을 떨어뜨리는 정책은 중장기적인 실효성을 떠나, 부동산 소유자에게는 '자산의 하락'으로 인식된다. 이는 여론의 반발로 이어지고, 정치인에게는 부담이 된다. 묘한 이해관계도 존재한다. 정책을 주도해야 하는 다수의 고위공직자는 이미 서울, 수도권에 아파트를 보유하고 있다. 지나친 일반화는 조심해야겠으나, 집값 하락으로 인한 개인적 손실을 감내하기 어려운 이들도 분명 있을 것이다.

서울 비대화를 해소하고 지역 균형 발전을 이뤄야 한다는 것은 삼척동자도 아는 일이다. "서울대생 80%를 지방에서 뽑자"는 한국은행의 의견도 같은 맥락이다. 한국은행 총재는 "부동산은 정책 한두 개 바꿔서 해결될 문제가 아니며 일관된 방향으로 10년의 노력이 필요하다"고 강조했다. 이를 실행하기 위해서는 대승적 리더십이 필요하지만, 단기적인 정치 사이클이 장기적인 공간 정책을 이기는 모습을 우리는 너무나 많이 경험했다.

한국의 정책이 표심의 벽 앞에서 멈춰 섰다면, 앞서 언급한 중국은 다른 길을 택했다. 2016년 시진핑 주석은 "집은 투기가 아니라 거주를 위한 것"이라고 선언하며 부동산 억제 기조를 세웠다.

2020년에는 '3대 레드라인'으로 개발업체의 차입을 강하게 제한했다. 2021년 이후 부동산 가격 하락이 가속화됐지만, 중앙정부는 대규모 부양에 나서지 않았다. 대신 전기차·배터리·AI 등 핵심 전략 산업에 집중했다. 결과적으로, 미-중 패권 경쟁 속에서 BYD는 전기차 판매에서 테슬라를 추월했고, CATL은 세계 배터리 시장점유율 1위를 차지했다. 인공지능AI 분야에서도 딥시크DeepSeek, 어니Ernie, 큐웬Qwen 등 자국 모델을 성장시켰다. 엔비디아의 젠슨 황은 AI 분야에서 중국이 미국을 추월할 가능성도 배제할 수 없음을 언급하며 "미국은 중국보다 나노초nanosecond 정도만 앞서 있다"고 주장했다.

중국은 집값 하락을 감수하면서도 기술 중심으로 산업의 활로를 과감하게 바꿨다. R&D 예산이 국방비 지출의 두 배에 달한다. 민주주의가 아닌 통제경제의 특수성이 있었기에 가능한 선택이었을 것이다. 한국에서는 쉽지 않은 결단이다. 민주주의는 위대한 제도지만, 여론과 표심이 정책의 방향을 결정한다. 사회적 영향력이 크고 가장 많은 유권자를 보유한 50~60대는 대한민국 부동산 소유의 주축이기도 하다. 단기적 고통을 감수하고 장기적 균형을 만드는 리더십은 드물다(귀하다는 표현이 더 적절할 수 있겠다). 그래서 한국의 부동산 문제는 단순히 가격의 문제가 아니다. 자본이 특정 자산군에 몰리면, 국가도 그 자산군의 인질이 된다. 자본의 구조를 바꾸는 일은 대단한 에너지를 요구한다. 무엇보다 정치적 용기가 필요하다. 하지만 안타깝게도 대한민국의 'as-is(현 상태)'는 물음표다.

부동산 문제는 자산의 편중을 넘어 계층 이동의 사다리마저 무너뜨린다. '개천에서 용 난다'는 말은 통계적으로나 체감적으로나 점점 설득력을 잃고 있다. 서울 강남구 아파트의 평균 가격은 이미 뉴욕 맨해튼의 중윗값과 비슷한 수준까지 올랐다. 혹자는 지방으로 가면 된다고 말하지만, 대부분 양질의 일자리는 서울·경기권에 집중되어 있다. 많은 사람이 최대치의 레버리지를 일으켜 서울 아파트를 구매하고, 근로소득으로 부지런히 대출이자를 갚는 방법을 택하며 부동산 계급 상승을 노렸다. 하지만 비싼 아파트는 더 비싸지고, 자산의 양극화 속도는 오히려 더 빨라졌다. 청년들의 도전은 꺾이고, 박탈감을 넘어 순응의 단계로 들어간다. 이웃 나라 일본의 '사토리 세대(1980년대 후반에서 1990년대 초반 사이에 출생한 일본의 젊은 세대로, 돈벌이·출세·연애· 여행 따위에 관심을 두지 않고 주어진 현실에 만족하며 살아가는 세대)'가 남의 일이 아니다. 과거의 대한민국은 국가 소득은 낮았지만 오늘보다 내일이 나아지리라는 기대감이 있었다. 희망이 줄어든 사회에서 모험은 사치가 되며 혁신의 총량은 줄어든다.

지금처럼 AI와 같은 파괴적인 기술이 등장하는 시국에서는 국가의 혁신은 선택이 아닌 필수가 된다. 단순 혁신이 아니라, 빠르고 규모 있는 혁신이 필요하다. 혁신하지 못하는 국가는 철저하게 도태된다. 지난 200년간 압축적으로 진행된 1차, 2차, 3차, 4차 산업혁명은 우리에게 명확한 레슨을 주었다. 이 지점은 '대한민국 벤처 국가론'이 필요한 이유와도 연결된다.

경제협력개발기구OECD는 스타트업 비중이 높은 국가일수록 R&D 효율성과 특허 창출 속도가 높다는 보고서를 발간했고, 미국경제연구소NBER는 신생기업이 GDP 내 5% 증가할 때 국가혁신지수는 12~15% 상승한다고 주장했다. 스탠퍼드 경영대학원도 미국의 혁신 성장의 50% 이상이 '10년 이하 기업'에서 기원되었음을 강조한 바 있다.

벤처 창업 국가로의 전환이 시급하다. 창업은 여전히 실력과 운이 교차하는 영역이며, 누구에게나 열려 있는 계층 상승의 통로다. 다만, 그 전제에는 한 가지 조건이 있다. 국가가 실패 리스크를 함께 감내해야 한다는 것이다. 혁신적 기업을 만들려는 청년들이 다시 일어설 수 있는 정책, 도전이 패배로 끝나지 않도록 보호하는 사회적 안전망과 공감대가 필요하다.

다행히 이 방향성을 증명한 성공 사례들이 있다. 이 부분은 이어지는 책의 내용에서 자세히 다루겠다.

저출산: 인구의 압박

트릴레마로 돌아오자. 두 번째 문제는 저출산과 고령화다. 전통적으로 국력을 결정하는 세 가지 요소는 군사력, 경제력 그리고 인구다. 특히 인구는 경제력과 군사력에 모두 영향을 준다. 그래서 인구 규모는 사회를 유지하는 근간이자, 국력의 원천이라고 볼 수 있다.

한국의 인구 구조는 심각하다. 출산율은 0.7명대로 OECD 최하위다. 생산가능인구는 2018년 정점(3,763만 명)을 찍은 후 매년 줄고 있다. 통계청에서는 2030년 3,417만 명, 2040년에는 3,000만 명 미만으로 예측하고 있다. 중위연령은 2031년 50세를 넘고, 2072년에는 65세 이상 고령인구의 비중이 전체 인구 구성의 약 50% 수준까지 올라갈 것으로 전망했다. 생산연령인구 100명당 부양 인구는 2022년 40.6명에서 2072년 118.5명까지 증가할 것으로 바라봤다.

출산율이 인구 유지선인 2.1명까지 기적적으로 회복되어도 생산가능인구의 감소는 피하기 어려운데, 지금과 같은 추세면 언감생심이다. 출산율만큼 자살률도 문제다. 인구 10만 명당 27명으로 OECD 평균의 두 배 이상이다. 지난 20년간 '자살률 1위'라는 불명예를 안고 있다. 이 통계는 단순한 숫자가 아니다. '내일은 오늘보다 나을 것이다'라는 믿음이 사라지고 있는 사회의 신호다.

상황이 심각하다. 장기적으로는 국가의 소멸을 염려해야 하고, 단기적으로는 저성장을 대비해야 한다. 노년층이 급증하면 소비 구조가 바뀌고, 젊은 세대는 세금과 부양비의 부담이 커진다. 노년층의 소비는 안정적이지만 혁신을 자극하는 성격은 약하다. 젊은 세대의 소비가 줄어들면 새로운 제품과 서비스에 대한 수요가 약해진다. 시장이 보수화되고, 기업은 모험을 피한다. '안정적 캐시플로'라는 단어는 경영과 투자의 주요 키워드가 된다.

성장이 정체되면 국가 재정의 분배를 둘러싼 갈등도 심화된다. 노인 무임승차와 같은 미시적 논쟁부터 연금 개혁과 같은 거시적인 문제까지 여러 노이즈가 이미 발생하고 있다. 갈수록 커지는 부양의 의무가 20~30세대를 압박하지만, 이들에게 할당된 투표용지는 제한적이다. 기성세대와 이해관계가 충돌하는 일이 빈번해지면서 여러 정치적 이슈가 발생할 것으로 예상된다.

지방 소도시는 소멸을 걱정한다. 초등학교가 폐교되는 사례는 비일비재하고 대학교의 정원도 미달되고 있다. 상권이 죽으면서 인프라가 황폐해지고, 남아 있는 사람들조차 수도권으로 이동할 수 있는 방법을 찾게 된다. 실제로 2024년 기준으로 약 6만 명 수준의 청년층(19~34세)이 수도권으로 순유입되었다. 서울·경기에 인구가 몰리니 수도권의 핵심 부동산 가격은 더 오른다. AI와 같은 기술의 발달로 초양극화가 가속화되면서 빈익빈 부익부 현상이 더 강해진다. 문제를 풀어줘야 하는 정치권은 혐오의 힘을 이용하여 본인들의 세력을 키운다. 사회는 반으로 갈라지고, 그 분열은 남아 있던 성장의 불씨마저 갉아먹는다. 악순환이다.

일부는 인구의 감소를 반긴다. 좁은 국토를 감안하면 오히려 개개인의 삶의 질은 나아질 수 있다는 주장이다. '강소국 모델'을 향한 희망이다. 실제로 북유럽 국가나 싱가포르는 인구는 적지만 1인당 국민소득은 세계 상위권이다. 그러나 대한민국의 문제는 감소의 절대 규모가 아니라, 속도다. 우리는 단 20년 만에 구조적 절벽을 맞이했다. 버퍼가 없고, 회복의 여유도 없다.

대규모 이민자를 받아들일 정책적 준비도, 사회적 공감대도 부족하다. 이제 인구 감소는 막아야 할 변수가 아니라, 기정사실로 받아들여야 할 전제가 됐다.

여러 대안이 논의되겠지만, 근본적인 해법 중 하나는 경제 구조의 전환, 즉 혁신 체계의 재설계다. 하나의 단면을 보면, 한국은 오랫동안 제조업 중심의 대기업 생태계에 의존해왔다. 그 아래 1차·2차 벤더가 연결돼 산업 구조를 이루었고, 이 체계가 지난 수십 년간 한국 경제를 지탱했다. 그러나 생산가능인구의 급감은 이 구조를 근본적으로 흔들고 있다. 공장의 자동화, 물류의 디지털화, 에너지 전환 등 노동 집약적 산업이 버티기 위해선 기술이 그 자리를 대신해야 한다. 로봇과 AI가 결합한 피지컬 AI^Physical AI는 그 해답 중 하나다. 이런 분야는 여전히 대한민국이 주도권을 잡을 수 있는 몇 안 되는 영역이다. 엔비디아의 젠슨 황, 삼성의 이재용, 현대의 정의선이 한자리에 모인 깐부 회동도 결국 이 '산업의 전환점'을 두고 벌어지는 글로벌 시장의 흐름과 연결된다.

현실적으로 우리가 OpenAI처럼 LLM(대규모 언어모델)을 만들거나 엔비디아가 주도하는 GPU 헤게모니를 가져오기는 쉽지 않다. 다만 그 주변에서 파생되는 산업군에서는 충분히 경쟁력을 발휘할 수 있다. 예컨대 피지컬 AI는 전통적인 제조업 강국인 한국이 테스트베드(개발 기술의 적합성을 테스트해보는 환경)의 역할을 자처하면서 기술 상용화의 교두보가 될 수 있다. 대만이 TSMC를 중심으로 거대한 벤처 생태계를 만들었듯, 미래 산업의 핵심 키워드인 피지컬 AI에서는 대한민국이 중심이 되어 수많은 관련 스타트업이 태어날 수 있다. ChatGPT는 위대한 기술적 진보이지만 사업적으로는 아직 부족하다. 현재의 가치valuation를 정당화할 수 있는 '수익화monetization'가 어렵다. ChatGPT는 전 세계적으로 수억 명이 사용하지만, 이 중 유료 고객은 약 3,000만~3,500만 명, 즉 5% 내외에 불과하다. 유료 고객이 지불하는 금액도 월 20달러 안팎으로, 연간 유료 구독 매출은 약 70~80억 달러 수준에 그친다.

가장 큰 문제는 비용 구조다. ChatGPT는 사용자가 질문을 던질 때마다 GPU 연산, 전력, 서버 비용이 실시간으로 발생하는 서비스다. 그 결과, 연간 수십억 달러 이상의 인프라·운영비가 지속적으로 소요되며, 사용자가 늘어날수록 매출뿐만 아니라 비용도 함께 커지는 구조다. 현재의 비용 구조에서는 모든 사용자가 유료 고객으로 전환되더라도 적자를 벗어나기 어렵다. 월 사용료를 대폭 인상하는 방법이 있기는 하지만, 이는 곧 높은 고객 이탈로 이어질 가능성이 크다.

결국 ChatGPT는 압도적인 사용자 수에도 불구하고, 유료 전환율은 낮고 단가는 제한적인 반면, 비용은 구조적으로 높아 LLM 자체만으로는 단기적인 수익화가 어렵다. 그래서 현재의 밸류에이션을 정당화하려면, ChatGPT 위에 규모 있는 산업적 활용과 추가적인 수익 모델이 결합되어야 한다. 결국, 이 같은 기술 위에 규모 있는 사업이 붙어줘야 한다. 그런 맥락에서 봤을 때, 인간의 노동을 대체할 수 있는 피지컬 AI의 부상은 AI 시장의 중요한 변곡점이 될 수 있다.

이런 기회를 잡기 위해서는 대기업의 역할도 중요하지만, 혁신의 뿌리는 결국 벤처기업이다. 큰 기업들은 기존 비즈니스 모델과 이해관계에 묶여 혁신의 범위가 제한될 수 있다. 실리콘밸리에도 막강한 힘을 보유한 레거시 기업이 있었음에도 OpenAI와 엔비디아 같은 스타트업이 개혁의 출발점이 되었다. SK하이닉스가 HBM으로 막대한 수익을 창출하고 있지만 헤게모니는 결국 젠슨 황과 샘 알트먼에게 있지 않은가? 우리도 이런 벤처들이 등장해 새로운 인구 구조에 맞는 답을 제시해야 한다. 과거로 회귀해서 생각하면, 반도체를 설계하지는 못해도 파운드리에 특화된 대만의 TSMC 영역에는 도전할 수 있는 것이다. 애플의 iOS나 구글의 안드로이드Android를 만들지는 못해도 그 위에 올라가는 모바일 게임을 통해서도 수백조 원을 창출할 수 있다.

피지컬 AI를 예로 들었지만 꼭 제조업이 아니어도 된다. 소수의 고급 인력이 높은 부가가치를 창출할 수 있는 바이오헬스케어 산업은 한국이 이미 강점을 지닌 분야다. '의대 공화국'이라 불릴 만큼 우수한 의료·과학 인재들이 병원과 연구실 밖으로 나와 창업의 길을 걸을 때, 한국은 새로운 성장 엔진을 얻게 된다. 뒤늦게 출발한 신약기업 셀트리온과 알테오젠이 수십조 원의 가치를 만들어낸 것도 그 증거다.

인구 감소는 위기지만 기회가 될 수도 있다. 저출산과 연결되는 생산가능인구의 감소는 대한민국 같은 제조업 중심 국가에게는 더 치명적일 수 있다. 하지만 우리에게는 '넥스트 빅웨이브next big wave'의 중심이 될 수 있는 기회이기도 하다. 이런 급격한 변화의 템포를 맞추기에 대기업은 한계가 있다. 빠르고 유연하게 움직일 수 있는 스타트업의 역할이 중요할 수밖에 없다.

저출산 고령화가 기정사실화된 한국의 성장 공식은 이제 명확하다. 인구의 감소보다 빠른 속도로 혁신하는 것. 방법은 결국 벤처 국가로의 진화다.

미-중 갈등: 닫히는 시장

세 번째는 미-중 갈등이다. 과거의 한국은 세계화의 수혜자였다. 대우그룹 김우중 회장의 말처럼 세계는 넓었고, 할 일은 많았다. 좋은 물건을 합리적인 가격에 만들 수 있는 한국은 매력적인 위치에 서 있었다. 그러나 이제는 상황이 다르다. 미국은 공급망 동맹을 요구하고, 중국은 국운을 걸고 기술 자립을 추진한다. 세계는 더 이상 '시장'이 아니라 '진영'이 되었다. 한국은 그 사이에 끼어 있다. 어느 쪽을 택해도 리스크가 있고, 어느 쪽을 택하지 않아도 리스크가 있다.

기업은 이제 기술보다 외교를, 생산성보다 지정학을 먼저 고려해야 한다. 시장의 논리보다 정치의 논리가 앞서는 시대다. 보호무역은 단순히 관세의 문제가 아니다. 원자재 가격, 물류비, 보험료, 인허가 절차 등 거의 모든 비용이 올라간다. 글로벌화가 세상을 싸게 만들었다면, 탈글로벌화는 세상을 비싸게 만든다. 이런 환경에서 한국의 기존 성장 모델, 즉 '합리적인 가격에 만들어 넓게 파는 모델'은 더 이상 유효하지 않다. 생산 비용은 합리적이지 못한데 넓게 팔 수도 없다.

이제 세계는 더 이상 '열린 시장'이 아니다. 국가가 시장을 설계하고, 기술이 외교의 도구가 되었다. 한국은 이 변화의 중심에 있다. 수출은 여전히 견고하지만, 시장은 더 이상 무한하지 않다. 내수는 정체돼 있고, 인구는 줄고 있다. 이럴 때일수록 우리에게는 더 냉철한 자기 객관화가 필요하다. 한국은 이미 선진국의 문턱을 넘어섰다. 선진국의 정상적인 GDP 성장률은 2~3% 수준에 불과하다. 대한민국도 이제 저성장 국면에 들어섰다고 보는 것이 적절하다. 미-중 갈등은 이 둔화에 더 강한 하방 압력을 가할 것이다.

여기서도 해법은 결국 '혁신'이다. 시장이 닫힐수록, 기술은 더 많은 문을 연다. 비용의 시대에는 '혁신의 질'로 승부해야 한다. '고마진high-margin' 구조를 만들 수 있는 지식집약형 산업으로 글로벌 가치사슬에서 대체 불가능한 위치를 확보해야 한다. 덜 팔아도 비싸게 팔고 많이 남길 수 있어야 한다. 엔비디아의 이익률은 약 60~70% 수준에 달한다. 이런 혁신을 주도할 수 있는 벤처기업이 절실하다. 독자들은 이 문제를 대기업도 풀 수 있는 것 아니냐고 반문할 수 있다. 하지만 앞서 잠깐 언급했듯, 대기업은 한계가 있다. 이미 기존 비즈니스 모델에 최적화된 조직이기 때문이다. 매출, 이익, 주가, 배당 등 여러 단기 성과 지표에 묶여 있다. 조직의 규모도 비대하기 때문에 혁신의 속도전에서 밀릴 확률이 높다. 주주와 정부의 눈치를 봐야 해서 자유도도 낮다.

AI가 좋은 예시다. 구글과 마이크로소프트보다 OpenAI가 시장을 먼저 선점하지 않았는가. 스테이블 코인도 마찬가지다.

저커버그의 페이스북(현 메타)은 리브라 프로젝트^{Libra project}(페이스북이 계획하고 이용 허가를 받은 암호화폐)를 빠르게 준비했으나 USD 중심의 글로벌 화폐 질서를 붕괴시킬 수 있다는 미국 정치권의 걱정으로 중단되었다. 반면 써클^{Circle}과 테더^{Tether} 같은 스타트업은 규제의 회색지대를 활용하며 훨씬 유연하게 움직였다. 미국계 빅테크 기업조차 이런 어려움이 있는데 한국의 대기업들은 어떻겠는가.

자본시장에 대한 시각도 달라져야 한다. 미-중 갈등으로 경제적 고립이 심화된다면, 기업은 실물시장이 아니라 자본시장에서의 확장도 고민해볼 수 있다. 물건을 팔 수 있는 '판'이 줄어든다면, 자본시장의 '판'을 키울 수 있다. 이스라엘은 좋은 예시다. 대한민국보다 작고 척박한 나라지만, 1980년대 이후 수백 개의 기업을 나스닥과 뉴욕증시에 상장시켰다. 내수시장이 작은 만큼 이스라엘 스타트업들은 초기부터 글로벌 시장, 특히 미국을 타깃한다. 이를 통해 창업자와 벤처투자자는 더 큰 회수^{exit}를 얻고, 회수된 자본은 다시 창업 생태계로 흘러가 선순환을 만든다.

한국처럼 소수의 대기업이 지배하는 구조에서는 이런 혁신이 어렵다. 국민 정서나 정치적 해석에서 '국내 자본이 해외로 빠져나간다'는 프레임이 작동할 가능성이 크다. 거버넌스에 대한 공격도 뒤따를 것이다. 해외 주주 중심의 움직임이라는 인식이 생기면 큰 반발이 나올 수 있다. 그러나 미-중 갈등으로 축소되고 있는 시장 현실을 고려하면, 이런 논란은 사치스러운 감정적 반응에 가깝다. 한국은 기름 한 방울 나지 않는 나라다. 수출 의존도가 높은데, 앞으로의 세계는 좋은 물건을 만들어도 팔 곳이 급격히 줄어드는 시장이 될 것이다.

결국 더 많은 혁신 스타트업을 만들어야 한다. 그들이 중소·중견기업으로 성장하고, 글로벌 자본시장으로 진출하며, 더 큰 과실을 다시 한국의 생태계로 돌려주는 선순환 구조를 만들어야 한다. 그리고 돌고 돌아, 이 논의는 결국 '벤처 국가론'으로 귀결된다.

정리해보자.

부동산, 저출산, 미-중 갈등은 서로 다른 방향에서 한국 경제를 막고 있지만, 결국 한 지점을 향한다. 자본은 부동산에 묶이고, 인구는 줄고, 시장은 닫혔다. 이 세 가지가 맞물리면서 한국 경제는 이제 '정체된 풍요'의 상태에 들어갔다. 숫자로 보면 괜찮다. GDP는 5만 달러를 향하고, 외환 보유액도 나쁘지는 않다. 그러나 체감은 정반대다. 자산을 가진 사람은 불안을, 자산이 없는 사람은 체념을 느낀다. 불안과 체념이 동시에 존재하는 사회, 그것이 지금의 한국이다.

정체는 위험하다. 성장의 둔화는 고통을 동반하지만, 정체는 의욕을 앗아간다. 사람들은 새로운 시도를 기피한다. 무엇을 해도 결과가 바뀌지 않는다는 감각이 퍼지면, 사회는 활력을 잃는다. 정부는 지원금을 늘리고, 기업은 비용 절감을 택한다. 이 길은 결국 느리게 가라앉는 경로다. 더 늦기 전에 강력한 액션이 필요하다. 지금 우리에게는 단기적인 지표 개선보다 혁신의 총량과 속도를 동시에 높이는 일이 우선이다.

그리고 그 전환의 중심에는 벤처가 있어야 한다.

벤처투자는 부동산에 묶인 자본을 생산적인 모험자본으로 전환하는 경로가 된다. 피지컬 AI나 바이오처럼 소수의 고급 인력이 높은 부가가치를 창출할 수 있는 벤처 산업은 저출산의 부작용을 완화한다. 스타트업의 성장은 보호무역 속에서도 확장 가능한 시장을 만들며, 대한민국의 플레이그라운드playground를 넓힌다. 대기업 중심의 경제 구조에서는 찾기 어려운 해답을 벤처 국가에서는 찾을 수 있다.

한국은 저력이 있는 나라다. 기술, 인재, 인프라 모두 세계적 수준이다. 2025년 세계지식재산기구WIPO가 발표한 글로벌 혁신지수GII, Global Innovation Index에서 4위를 기록했고, GDP 대비 국제특허PCT와 디자인 출원도에서는 3위로 집계되었다. 하지만 통계는 과거다. 새로운 모멘텀이 없으면 혁신은 소멸된다. 아무리 좋은 비행기도 활주로가 짧으면 뜨지 못한다. 빠르게 감소하는 우리의 런웨이를 늘려야 한다.

이 책은 그 이야기를 하려 한다. 이스라엘, 핀란드, 중국 등 각기 다른 방식으로 이륙에 성공한 국가들의 사례들을 살펴보고, VC 스타트업을 함께 경험하며 축적된 필자의 고민을 녹여보고자 한다. 필요한 것은 명확한 방향성이다. 분명한 방향 설정만이 혁신의 총량을 키우고 그 속도를 높일 수 있다.

2장

GDP 5만 달러의 전쟁 국가

이스라엘이라는 국가는 언뜻 보면 경제적 번영과는 거리가 멀어 보인다. 사방이 적대 국가로 둘러싸여 있고, 미사일 요격 소식이 일상처럼 들려오며, 전쟁이 사실상 '상수'처럼 존재하는 나라다. 이런 환경을 고려하면 장기적인 성장이나 풍요로움은 기대하기 어렵다는 것이 우리의 일반적인 상식이다.

그러나 경제 지표들은 이런 상식을 정면으로 뒤흔든다. 이스라엘의 1인당 GDP는 이미 5만 달러를 넘어섰고, 전쟁으로 인한 일시적 충격을 제외하면 연간 성장률도 꾸준히 4% 안팎을 유지해왔다. 지정학적 리스크가 극단적으로 높은 국가가 선진국 평균을 크게 웃도는 성장세를 보이고 있다는 사실은 세계적으로도 매우 드문 현상이다.

미국과 비교하면 숫자가 더욱 선명해진다. 코로나 이후 미국은 전례 없는 규모의 부양책을 동원하며 1인당 GDP가 8만 달러를 넘어섰다. 그런데 이스라엘 역시 같은 시기에 규모는 작지만 거의 동일한 각도의 성장 곡선을 그렸다. 유럽과의 비교에서도 이스라엘의 위치는 뚜렷하다. 현재 이스라엘은 상당수 유럽 선진국을 이미 추월했으며, 코로나 직후에는 독일을 넘어선 시기도 있었다. 2000년대까지만 해도 독일의 성장성과 생산성이 월등했지만, 2010년대 이후 유럽이 정체되는 동안 이스라엘은 오히려 성장의 속도를 높여갔다.

이런 성과는 기존 경제 교과서만으로는 설명하기 어렵다. 주변 산유국처럼 천연자원을 기반으로 부를 축적한 것도 아니고, 미국처럼 거대한 내수시장을 발판으로 성장한 것도 아니다. 이스라엘 경제를 바라보는 데는 전혀 다른 해석이 필요하다.

핵심 키워드는 '벤처 국가론'이었다.

이스라엘에는 한국의 삼성, 독일의 폭스바겐, 미국의 애플처럼 국가 경제를 대표하는 초대형 제조기업이 존재하지 않는다. 그럼에도 이스라엘은 한국보다 부유하고(1인당 GDP 기준), 더 빠르게 성장한다. 그 이유는 이스라엘이 단일 대기업 대신 수천 개의 하이테크 스타트업 집단을 성장 엔진으로 삼는 구조를 구축했기 때문이다. 하이테크 산업은 전체 고용의 10%,

GDP의 20%, 수출의 절반 이상을 차지하며 국가 경제의 핵심 동력으로 자리 잡았다. 사이버 보안, 클라우드, 모빌리티, 디지털 헬스, AI 등 글로벌 기술 인프라의 이면에는 조용히 세계 시장을 파고든 이스라엘 기업들이 자리한다.

글로벌 베스트셀러《스타트업 네이션》이 이스라엘을 "수백, 수천 개의 기술기업이 지속적으로 글로벌 시장에서 인수되거나 상장되는 방식으로 성장한 국가"라고 표현한 것도 같은 맥락이다. 이 나라에서는 대기업 CEO가 되는 것이 목표가 아니다. 빠르게 기술을 만들고, 시장을 개척하고, 성공적으로 회사를 매각하거나 상장시키는 것이 경제 체계의 중심에 놓여 있다.

이 성장 구조는 우연히 형성되지 않았다. 1990년대 초반, 제조 기반의 약화와 높은 실업률, 부족한 민간 자본 속에서 이스라엘 정부는 벤처캐피탈 시장을 국가가 직접 설계하는 방식을 선택했다.

'요즈마Yozma' 프로그램은 이스라엘 정부가 1993년 벤처캐피탈 산업 육성을 위해 도입한 정부-민간 협력형 벤처투자 지원제도로, 민간 자본과 정부의 자금을 결합해 창업 초기 기업(스타트업)에 투자하고 글로벌 시장 진출까지 지원하는 것이 핵심이다. 이는 정부가 초기 자본을 함께 출자하고 운용은 민간 VC에게 맡기며, 성공 시 민간이 정부 지분을 되사갈 수 있도록 디자인한 모델이었다. 이스라엘 정부는 리스크를 감당하며 시장의 문을 열어주되, 성공의 과실은 민간에게 돌려주는 구조를 만들었다. 이 실험은 성공을 거뒀고, 10년 만에 이스라엘은 세계 최고 수준의 VC 시장을 갖춘 나라로 도약했다.

자본의 흐름이 재편되자 인재의 흐름도 자연스럽게 바뀌었다. 한국의 우수 인재가 대기업·전문직·고시 등 안정적 경로로 향한다면, 이스라엘의 인재는 "어떤 문제를 풀 것인가", "어떤 기술을 만들 것인가"라는 질문을 먼저 던진다. 대기업 중심의 시장이 존재하지 않기 때문에 창업은 특별한 결단이 아니라 '기본 경로default'에 가깝다. 실패는 경력 공백이 아니라 다음 도전을 위한 자산으로 인정된다.

이스라엘의 또 다른 강점은 초기부터 글로벌을 전제로 설계되는 기업 구조다. 인구 1,000만 명의 작은 내수시장, 국경을 둘러싼 지정학적 제약, 교역의 불안정성은 기업이 내수만으로 성장할 수 없게 만든다. 그래서 많은 스타트업이 법인을 델라웨어에 설립하고, 시리즈A 이전부터 영어로 피치를 준비하며, 초기 주주명부cap table에 미국 VC를 올려놓는다. 물리적으로는 멀리 떨어져 있지만, 이스라엘과 실리콘밸리는 자본·인재·정보 측면에서 하나의 생태계처럼 연결되어 있다. '실리콘 와디Silicon Wadi'라는 표현은 이런 구조적 연결성을 상징한다. 히브리어로 '와디wadi'는 '계곡valley'이라는 뜻이니, 말 그대로 이스라엘판 실리콘밸리다. 텔아비브를 중심으로 구성된 실리콘 와디는 창업 건수 기준으로 실리콘밸리 다음 순위를 차지하는 스타트업 클러스터다. 글로벌 기술기업들의 R&D 거점과 유력 벤처캐피탈의 사무실 상당수가 이곳에 모여 있다.

이스라엘 초대 총리 다비드 벤구리온은 "적들에 둘러싸인 이스라엘이 생존하기 위해서는 과학기술에 집중하는 길밖에 없다"는 취지의 발언을 남겼다. 제한된 영토, 열악한 자원, 상시적인 안보 위협 속에서 국방과 경제를 동시에 지탱할 수 있는 유일한 해법이 기술이라는 판단이었다. 이스라엘은 고용 인력 1만 명당 과학자 및 기술자 수가 약 140명인데, 이는 다른 선진국들에 비해 월등히 높은 수치다. GDP 대비 R&D 지출 비율도 최상위권을 차지한다.

이러한 기술 중심 철학은 자연스럽게 대학 구조와 창업 문화의 혁신으로 이어졌다. '스타트업 창업자를 얼마나 많이 배출하느냐'를 기준으로 세계 대학들의 순위를 매긴 피치북^{PitchBook}의 통계에 따르면, 상위 100개 대학의 70% 이상은 미국 대학이 차지하고 있다. 버클리, 스탠퍼드, 하버드, 유펜, MIT, 코넬 등이 상위권을 이루는 익숙한 구도다. 흥미로운 점은 이 상위 10개 대학 가운데 유일한 비非미국 대학으로 이스라엘의 '텔아비브대학교^{Tel Aviv University}'가 이름을 올리고 있다는 사실이다. 텔아비브대학교는 2024년, 2025년 순위에서 7위를 기록했다.

더 내려가 보면 이스라엘 대학들의 존재감은 더욱 뚜렷해진다. 같은 피치북 통계에서 다수의 이스라엘 대학이 TOP 100 안에 포진했다. 테크니온^{Technion} 공과대학, 히브리대학교, 라이히만대학교가 10위, 30위, 47위를 차지했다. 인구 1,000만 명 수준의 작은 나라에서 종합대학이라고 부를 만한 대학 수 자체가 많지 않다는 점을 감안하면 더욱 이례적인 결과다. 미국을 제외하면 다수의 대학이 이 정도로 상위권에 포진한 국가는 거의 없다. 영국이 옥스퍼드, 캠브리지 등을 앞세워 비슷한 비중을 차지하고, 중국과 일본 몇 곳의 대학들이 20~40위권에 이름을 올리는 정도다. 한국의 서울대학교는 77위다.

이 가운데 특히 눈여겨볼 기관이 '테크니온' 공과대학이다. 인도에 IIT(인도공과대학)가 있다면, 이스라엘에는 테크니온이 있다. 일종의 '이스라엘판 MIT'라고 부를 수 있는 학교다. 테크니온은 1912년에 설립되어 1920년대부터 학생을 받기 시작했는데, 이스라엘 국가 수립(1948년)보다 수십 년 앞선다. 국가는 뒤늦게 생겨났지만, 과학기술을 담당할 고등교육기관은 이미 그 이전부터 준비되고 있었다는 사실이 상징적이다.

오늘날 테크니온은 미국 유수 공과대학들과 나란히 세계 공과대 순위 상위권에 꾸준히 이름을 올리고 있다. 매년 수십 개의 기술 기반 스타트업이 이 학교에서 쏟아져 나오고, 출신 학생들이 유치하는 투자의 규모도 상당하다. 한국전력이 설립한 에너지 특화 공과대학(일명 한전공대)이 벤치마킹한 모델로도 테크니온이 거론된다. 이스라엘이 '대학을 통해 스타트업을 생산하는 시스템'을 얼마나 일찍부터 구축했는지 보여주는 사례다.

테크니온 총장은 한 인터뷰에서 이스라엘을 '스타트업 네이션'이라고 부르는 통념을 한 걸음 더 밀고 나갔다. 그는 이스라엘이 단지 스타트업이 많은 나라가 아니라, '1948년에 설립된 하나의 스타트업'에 가깝다고 말했다. 국가가 가진 태생적 조건(지정학적 고립, 자원 부족, 생존을 위협하는 외부 환경)을 고려하면, 이스라엘은 본질적으로 기술과 혁신을 통해 문제를 해결해야 하는 조직처럼 만들어졌고, 경제 시스템 역시 그 철학 위에서 설계될 수밖에 없었다는 설명이다.

2022년 중앙일보와의 인터뷰에서 그는 "이스라엘에는 삼성과 같은 대기업이 없다"고 강조했다. 이는 단순한 사실 확인이 아니라, 이스라엘 경제 시스템의 핵심을 드러내는 말이었다. 진입할 대기업이 없기 때문에 우수한 학생들이 자연스럽게 스타트업을 선택하고, 기술을 만들고, 소수의 동료와 함께 시장에 도전한다. '대기업 취업'이라는 경로가 사라진 자리를 창업이 자연스럽게 메우는 구조다. 부를 창출하고 싶어도, 의미 있는 문제를 해결하고 싶어도, 결국 팀을 꾸려 회사를 만드는 것이 가장 합리적인 선택이 된다.

이런 토양 위에서 뿌려진 창업의 수많은 씨앗은 지정학적 리스크를 뛰어넘어 강력한 기술 경쟁력으로 이어졌다. 전쟁이 한창이던 시기에 세일즈포스는 이스라엘 SaaS 기업을 20억 달러에 인수했고, SAP·엔비디아·블랙스톤과 같은 글로벌 플레이어 역시 이스라엘 기업 인수를 멈추지 않았다. 이스라엘에게 세계는 단순한 '확장 시장'이 아니라, 전쟁이라는 리스크를 상쇄하는 견고한 엑시트 플랫폼이다. 국가가 불안정해도 기업 생태계는 흔들리지 않고, 기술은 세계 어디에서나 가치를 인정받는다.

이스라엘의 군부대도 주목할 필요가 있다. 인구 한계로 병력은 대국들에 비해 작지만, 질적인 면에서 이스라엘은 매우 강력한 군사력을 보유하고 있는 것으로 평가받는다. 특히 정보통신·사이버 부대인 '8200부대'는 세계 최고 수준의 정보·보안·AI 전문 조직으로 인정받는다. 이곳에 배치된 20대 초반의 청년들은 대규모 데이터 처리, 실시간 사이버 공격 탐지와 대응, 신호 감청·암호화·복호화 기술, 위성·통신 네트워크 분석, AI 기반 의사결정 체계 운영 등 고난도의 기술을 실제 작전 환경에서 체득한다. 무엇보다 이 부대는 나이나 계급이 아닌, 능력과 실행력을 우선하는 독특한 인사 구조를 갖는다. 역량이 검증된 병사라면 스무 살 남짓한 나이에도 주요 프로젝트의 책임을 맡고, 수백만 명의 안전과 직결되는 국가 시스템을 설계하고 운영하는 경험을 쌓는다.

이런 경험은 전역 후 기술 창업으로 자연스럽게 이어진다.

8200부대 출신들은 군에서 익힌 문제 해결 방식(불확실성을 전제로 한 빠른 실험, 데이터 기반 의사결정, 소규모 팀의 고밀도 협업)을 스타트업 환경으로 옮겨온다. 실제로 사이버 보안, 컴퓨터 비전, 데이터 인프라, 고성능 AI 등 이스라엘 하이테크 산업의 핵심 영역은 8200부대 출신 창업가들이 주도하고 있다. 글로벌 VC들은 이들을 '8200 마피아'로 부른다. 기술·인재·네트워크가 하나의 클러스터로 축적되는 구조가 군 복무를 통해 강화되는 셈이다.

이처럼 군과 대학이 기술 인재를 배출하고, 이 인재들이 자연스럽게 스타트업으로 흘러 들어가며, 자본이 이들의 기술에 집중 투자하는 구조는 이스라엘 생태계 전반에 강력한 '선순환 구조virtuous cycle'를 만들어낸다. 훌륭한 벤치마크이지만 이스라엘 모델을 한국이 그대로 가져올 수는 없다. 지정학, 인구 구조, 군 복무 체계, 기존 산업 기반 등 여러 요소가 다르기 때문이다. 그러나 이스라엘이 특정 기업 하나를 육성한 것이 아니라 생태계 전체를 설계함으로써 국가 성장 엔진을 만들어냈다는 사실은 한국에도 깊은 통찰을 제공한다. 한국의 다음 단계로의 도약은 "어떤 기업이 성공할 것인가"보다 "인재는 어디로 흐르고, 자본은 어떤 문제를 향하며, 정책은 어떤 구조를 지지해야 하는가"라는 질문에서 출발해야 한다. 대기업의 성공을 어떻게 재활용할 것인지가 아닌, 장기적 성장동력이 지속적으로 재생산되는 경제 시스템을 어떻게 구축할 것인지가 핵심 과제다.

이스라엘의 경험은 국가 경쟁력이 단일 기업의 성패로 결정되는 것이 아니라, 경제 시스템이 얼마나 치밀하게 설계되어 있고 일관되게 작동하는가에 의해 좌우된다는 점을 분명하게 보여준다. 전쟁이라는 극단적 변수가 일상처럼 존재하는 환경에서도 이스라엘이 크게 흔들리지 않는 이유는 '생태계'를 키웠기 때문이다. 그 생태계는 매년 새로운 기업을 만들어내고, 기술을 발전시키고, 시장을 확장하며, 국가의 성장 엔진을 끊임없이 재생산한다. 한국이 다음 성장 방정식을 고민한다면, 이스라엘의 벤처 국가 모델은 반드시 참고해야 할 중요한 프레임이다.

이제 다시 시선을 대한민국으로 돌려보자.

한국 청년들의 역량과 열망은 이미 여러 차례 증명되었다.

문제는 그 에너지가 어디로 향하도록 설계되어 있는가이다. 지금까지는 공무원, 전문직, 대기업이 가장 앞줄에 놓인 선택지였다면, 앞으로는 스타트업이 그 앞줄 한가운데를 차지해야 한다. '가장 힘들지만, 가장 큰 보상을 얻을 수 있는 길'이라는 인식이 사회적으로 자리 잡는 순간, 새로운 성장동력은 비로소 폭발력을 가진다. 이스라엘은 그러했다. 풍부한 자원도, 거대한 내수도, 초대형 대기업도 없었지만, 구조를 설계해 1인당 5만 달러와 4% 성장이라는 결과를 만들었다. 반대로 한국은 이미 세계적 대기업을 보유한 나라다. 그렇기 때문에 이제는 더 근본적이고 전략적인 질문을 던져야 한다.

"대기업의 성공 위에 어떤 '벤처 국가 구조'를 더할 것인가." 잠재성장률 1%대에 머무를 것인지, 3% 혹은 그 이상을 다시 꿈꿀 것인지는 이 질문에 우리가 어떤 답을 내놓느냐에 달려 있다.

VENTURE
NOMICS

3장

노키아 디아스포라 Nokia diaspora

엔비디아의 젠슨 황이 한국을 방문해 대기업 총수들과 만찬을 하고, 국내 기업에 대규모 GPU를 선공급하며 화제를 모으던 무렵, 세계 기술 업계에서는 또 하나 뜻밖의 소식이 조용히 전해졌다. 엔비디아가 무려 10억 달러를 노키아에 투자한다는 발표였다. 사람들은 자연스럽게 물었다. "그 노키아? 아직도 그 회사가 존재하는가?" 스마트폰 혁명 한가운데서 무너져 역사 속으로 사라졌다고 여겼던 바로 그 노키아였다. 그러나 주가는 10년 만에 최고치를 넘어섰고, 1년 사이 40% 가까이 상승했다. 절대강자였지만 한때는 바닥 근처까지 떨어진 기업이 어떻게 다시 기술 패권 경쟁의 중심에 등장한 것일까.

이 질문에 답하려면 먼저 오늘날 AI 기술의 구조를 이해해야 한다. 생성형 AI 모델들은 초당 수조 번의 연산을 수행하는데, 이 연산 결과는 거대한 데이터센터 사이에서 초고속으로 이동해야 한다. GPU 성능이 아무리 높아도, 데이터가 서버 간에 지연 없이 흐르지 않으면 시스템은 제대로 구현되지 않는다. 결국 AI 시대의 본질은 연산 속도만이 아니라, 데이터 이동 속도이고, 이 전송의 기반을 만드는 기업이 바로 노키아다. 스마트폰 회사의 이미지와는 전혀 다른, AI 시대의 핵심 인프라 기업으로 다시 태어난 것이다.

노키아가 가진 기술적 뿌리는 오래전부터 만들어져 왔다. 2016년 노키아는 알카텔-루슨트Alcatel-Lucent를 인수하며 20세기 최고의 혁신 연구기관 중 하나인 벨 연구소Bell Labs를 통째로 품었다. 광통신, 전송 기술, 네트워크 프로토콜, 특허 등 현대 통신의 기초를 만든 거대한 기술 자산들이 모두 노키아의 손에 들어간 것이다. 최근에는 미국의 광통신 장비 업체 인피네라Infinera까지 인수하며 기술적 완성도를 더욱 강화했다. 여기에 미국과 유럽이 보안 문제로 화웨이Huawei를 시장에서 배제하는 흐름이 겹치면서, 선진국이 안전하게 사용할 수 있는 대체재는 사실상 노키아 하나뿐이라는 시장 구조가 만들어졌다.

한때 부진한 5G 전략으로 비판을 받았던 노키아의 기술 투자도 AI 시대가 열리자 완전히 재평가되었다. 노키아는 5G 전환 과정에서 자체 칩셋 '리프샤크ReefShark'를 개발했는데, 이는 더 작고 적은 전력으로 더 빠른 전송 성능을 제공하는 기술적 집약체였다. 하지만 5G 보급 속도가 예상보다 느리면서 이 투자는 오랫동안 성과를 내지 못했다. 당시에는 '미래를 잘못 읽은 대기업'이라는 평가도 있었다.

그러나 생성형 AI 시대가 도래하자 상황은 완전히 바뀌었다. 데이터센터의 규모가 폭발적으로 늘고, 이를 연결하는 초고속 통신망의 중요성이 높아지면서 그동안 노키아가 투자해온 기술들은 6G 시대의 핵심 자산으로 순식간에 전환되었다. 엔비디아가 노키아를 전략적 파트너로 선택한 이유도 여기에 있다. 엔비디아가 AI의 두뇌를 만든다면, 노키아는 그 두뇌가 생성한 신호를 전 세계로 전달하는 신경망을 구축하는 기업이다.

서론이 길었는데, 궁금한 점은 결국 노키아의 '컴백' 스토리다. 답은 이 기업의 장대한 역사 속에 숨어 있다. 노키아는 처음부터 휴대폰 회사가 아니었다. 160년 전 핀란드 강가의 작은 제지공장에서 시작해 고무장화와 타이어, 전선 케이블 제조로 사업을 확장했고, 이후 통신 산업으로 뛰어들었다. 1990년대에는 모든 비핵심 사업을 과감히 매각하고 휴대폰에 올인하는 승부수를 던졌다. 그 결과, 세계 시장점유율 40%를 넘기며 압도적으로 1위에 올랐다. 한때 노키아는 핀란드 전체 수출의 20%를 담당했고, 실리콘밸리에서조차 '노키아는 나라다'라는 말이 나올 정도로 국가 경제와 기업이 하나의 몸처럼 움직였다.

그러나 2007년 아이폰의 등장은 노키아 제국을 흔들었다. 스마트폰 생태계를 읽지 못한 채 심비안 OS를 고집했고, 앱 중심 시장의 흐름을 외면했다. 위기 속에서 영입한 마이크로소프트 출신 CEO 스티븐 엘롭은 "우리 플랫폼은 지금 불타고 있다"고 말했지만, 그가 선택한 해법은 당시 사실상 표준이 되어가던 안드로이드가 아닌 MS의 윈도우폰이었다. 그 결과는 치명적 실패였다. 결국 2014년 노키아는 휴대폰 사업 전체를 마이크로소프트에 매각하며 한 시대의 종언을 맞았다.

모든 것이 무너져 내리는 상황에서 노키아는 다시 한번 본질적인 질문을 던졌다. "우리는 무엇을 가장 잘하는가?" 이 질문은 회사의 운명을 온전히 바꿔놓았다. 노키아는 휴대폰 제조업체라는 정체성을 버리고, 통신 인프라 기업으로 체질을 전환하기로 결정했다. 2014년 취임한 CEO 라지브 수리는 회사의 전력을 이 사업에 집중했고, 벨 연구소를 품은 알카텔-루슨트 인수라는 대담한 결정을 단행했다. 당시에는 너무 큰 규모의 인수로 비판받았지만, 시간이 지나면서 이 선택은 노키아 부활의 핵심 기반이 되었다.

그런데 노키아의 부활에는 또 하나의 중요한 배경이 있다. 노키아의 몰락은 핀란드 전체 산업 구조를 바꾸는 기폭제가 되었다. 노키아가 무너지는 과정에서 1만 명이 넘는 고급 기술 인력이 한꺼번에 노동시장으로 쏟아져 나왔다. 보통 이런 상황은 국가적 위기로 이어지지만, 핀란드에서는 다른 변화가 일어났다. 이 인력들이 기존의 대기업이 아니라 새로운 회사들로 이동하면서 전혀 새로운 산업 지형이 빠르게 형성된 것이다.

이 흐름은 '노키아 디아스포라Nokia diaspora'라고 불린다.

한 기업에서 배출된 인력들이 곳곳으로 흩어져 새로운 기술과 시장을 만들어내는 현상이다. 실제로 '앵그리버드'를 만든 로비오Rovio, '클래시 오브 클랜'을 만든 슈퍼셀Supercell, 독립적인 모바일 운영체제를 개발한 졸라Jolla 등 핀란드를 대표하는 기술기업 상당수가 노키아 출신 인력으로 이루어졌다. 노키아의 조직문화와 기술적 감각, 문제 해결 방식이 자연스럽게 이들 기업에 녹아들면서 새로운 산업 파급력이 만들어졌다.

핀란드 정부의 대응 역시 독특했다. 노키아 붕괴 직후 정부는 노키아 퇴직자들에게 '퇴직금+초기 창업 자금'을 제공하는 노키아 브리지Nokia Bridge 프로그램을 만들었고, 기술·법률·투자 연계를 제공하며 새로운 기업 설립을 적극적으로 지원했다. 혁신 기관인 테케스(핀란드 기술혁신청)는 여기에 R&D 지원금을 매칭하며 수천 개의 신생 기업 탄생을 도왔다. 이를 통해 핀란드는 대기업 의존 구조에서 벗어나 더 다양한 기업군이 공존하는 산업 구조로 빠르게 이동할 수 있었다.

흥미로운 점은 노키아 자체도 이런 흐름 속에서 한층 '스타트업에 가까운 방식'으로 변모했다는 사실이다. 한때 세계를 호령하던 대기업이 실패를 겪은 뒤, 오히려 더 빠르고 가볍게 움직이는 조직으로 탈바꿈하기 시작한 것이다. 2020년 노키아는 기존의 방대한 엔드투엔드End-to-End 전략을 과감히 접고, 네 개의 핵심 사업부로 구조를 재편했다. 고객 요구에 더 민첩하게 대응하고, 책임과 권한을 명확히 하며, 기술 개발의 속도를 끌어올리기 위한 선택이었다. 내부 개발에 모든 것을 걸던 방식에서 벗어나 필요한 기술은 외부에서 과감히 끌어오는 방식을 채택했고, 한국의 KMW(무선통신장비 전문 제조 기업)와 같은 기술력 있는 기업과 협력해 새로운 장비를 신속히 시장에 공급했다. 규모는 대기업이지만 움직임은 스타트업에 가까운 형태로 체질을 다시 만든 셈이었다.

이러한 변화는 결국 AI 시대에 들어 노키아의 가장 강력한 무기가 되었다. 기업이 어려움을 겪고 실패를 마주한 뒤에도, 그 실패를 토대로 전략을 다시 짜고 새롭게 출발할 수 있다는 사실을 노키아는 직접 증명해 보였다.

핀란드의 사례가 주는 통찰은 이스라엘과는 결이 다르다. 이스라엘이 애초에 대기업 중심 구조가 거의 없는 상태에서 기술 중심의 시장을 설계한 나라라면, 핀란드는 완전히 반대 지점에서 출발했다. 국가 전체가 거대한 단일 기업에 기댔고, 그 기업의 몰락은 곧 국가적 충격으로 이어질 수밖에 없는 환경이었다. 그러나 핀란드는 그 충격을 부정적으로 소비하지 않았다. 노키아에서 흘러나온 인력과 기술이 새로운 시도를 향한 단초가 되었고, 그 결과 기존보다 폭이 넓고 복원력이 강한 산업 지도가 빠르게 그려졌다.

이 지점은 한국에도 중요한 메시지를 던진다.

우리는 이미 세계적 기업을 다수 보유하고 있다. 그래서 "대기업이 너무 강해 새로운 산업이 자라기 어렵다"는 인식이 흔하지만, 핀란드의 경험은 전혀 다른 가능성을 보여준다. 대기업의 존재는 제약이 아니라, 다음 성장 단계를 설계할 수 있는 단단한 토대가 될 수 있다는 뜻이다. 기업 내부에서 축적된 기술, 글로벌 시장에서의 학습, 대규모 시스템을 운영하며 쌓인 경험은 새로운 기업이 성장하는 데 매우 강력한 자원이 된다. 노키아 출신 인력들이 슈퍼셀과 로비오 같은 회사를 만들었듯, 대기업에서 길러진 역량은 새로운 산업이 출발하는 데 필요한 핵심 씨앗이 될 수 있다.

더 나아가, 노키아처럼 위기 이후 스스로를 재구성한 기업은 오히려 더 큰 기회를 잡을 수 있다는 점도 주목할 만하다. 속도와 유연성을 갖춘 조직은 기술의 흐름이 바뀌는 순간 가장 먼저 움직이고, 가장 먼저 시장을 선점한다. 노키아가 그랬다. 실패 이후 조직을 단순화하고 핵심 기술에 집중하며 '스타트업다움'을 추구한 경영 전략은 AI 시대가 열리자 다시 강력한 경쟁력이 되어 돌아왔다.

핀란드는 기존 질서를 뒤흔든 충격을 새로운 성장의 출발점으로 바꾸었다. 대기업이 강한 나라에서 새로운 산업이 나오기 어렵다는 통념을 뒤집고, 오히려 대기업에서 흘러나온 인재와 기술을 활용해 경제의 확장력을 키우는 방식으로 전환한 것이다. 이스라엘이 처음부터 새로운 회사를 끊임없이 생산하는 구조를 설계한 나라라면, 핀란드는 이미 존재하던 거대한 기업의 붕괴를 계기로 산업 지형을 다시 배열하는 방식으로 미래를 설계한 나라다.

한국은 이 두 모델을 동시에 참고할 수 있는 드문 위치에 있다. 이미 보유한 세계적 대기업들은 약점이 아닌 자산이며, 그 자산을 어디로 분산시키고 어떻게 확장시키느냐에 따라 새로운 기업의 경로 역시 크게 달라질 수 있다. 결국 한국이 어떤 방식으로 구조를 재설계하느냐에 따라 앞으로 펼쳐질 경제 지형은 지금과는 전혀 다른 모습으로 그려질 것이다.

4장

국가가 만든 혁신, 국가가 막는 혁신

한국은 과거 수십 년간 '국가 주도 성장'의 성공을 몸소 증명해왔다. 지난 반세기는 국가가 어떻게 산업을 설계하고, 기업이 어떻게 그 위에서 성장하는지를 보여주는 거대한 실험과도 같았다.

전쟁 직후 한국은 자원도, 기술도, 자본도 없었다. 시장의 힘만으로는 일어나기 어려웠던 시기였고, 이런 조건 속에서 국가는 스스로 산업을 만들어내는 전략을 택했다.

당시 박정희 대통령은 "수출만이 살 길"이라는 강력한 기조 아래 국가가 산업의 우선순위를 정하고 밀어붙이는 방식으로 방향을 잡았다. 철강·조선·자동차·전자 같은 중화학 공업이 국가 주도하에 집중 육성되었고, 강한 정책적 지원과 보호무역 조치를 통해 산업의 기초 체력이 만들어졌다. 한국 경제는 이 선택을 통해 농업 중심 사회에서 제조업 기반의 산업 국가로 빠르게 전환하기 시작했다.

1970~1980년대에 이어진 이 '국가 주도 성장 모델'은 당시 한국의 제약과 조건 속에서 놀랄 만큼 효과적으로 작동했다. 정부는 외환을 관리하고 금융을 통제하며, 특정 산업에 자본을 몰아넣는 방식으로 기업들이 규모의 경제를 단숨에 확보할 수 있도록 지원했다.

시장에서 경쟁이 본격적으로 일어나기 전, 국가는 이미 승부처를 정하고 그 판을 깔아주었다. 포항제철 설립, 현대조선소 건설 같은 결정은 기업 단독의 승부가 아니다. 국가가 주도하거나 강력하게 후원한 프로젝트였고, 기업은 그 위에서 가속도를 붙였다. 국제통화기금IMF을 포함한 글로벌 경제기구들 또한 "한국의 전략적 산업 정책과 국가 주도의 금융 배분이 제조업 경쟁력의 핵심이었다"고 평가할 정도로, 이 방식은 당시 한국 경제에 최적화된 성장 엔진이었다.

이 체제 아래에서 성장한 기업들은 단순한 민간기업의 범주를 넘어 사실상 국가 확장의 도구이자 파트너에 가까웠다. 해외 플랜트 수주, 조선 기술 수출, 자동차 해외 진출, 반도체 증설은 모두 '대한민국이라는 프로젝트'의 일부로 작동했다.

기업은 국가가 깔아준 레일 위에서 달렸고, 국가는 그 속도가 유지되도록 정책과 자본을 공급했다. 수출은 국가 목표였고, 기업은 그 목표를 실행하는 최전선의 전투부대였다. 한국 제조업이 세계 정상급으로 올라선 과정은 이렇게 국가와 기업이 긴밀하게 결합한 독특한 성장 방식의 산물이었다.

정부 관계자들은 비슷한 성공의 방정식을 스타트업 생태계에 적용하고자 했다. 특히 모태펀드와 같은 정책성 자금을 중심으로 강력한 드라이브를 걸었다. 이는 분명 의미 있는 시도였다.

닷컴버블 붕괴로 국내외 벤처 시장이 초토화된 2000년대 초반, 모태펀드의 등장은 가뭄의 단비였다. 이를 토대로 대한민국의 VC·스타트업 시장은 2020년대 초반까지 가파른 성장세를 보였다. 코로나 이후 미국이 대대적인 금리 인상을 진행하면서 시장의 과열은 꺾였지만, 생태계를 키우고자 하는 정책 금융의 의지는 쉽게 흔들리지 않았다. 이재명 정부 출범 이후 2026년 모태펀드 출자 예산은 약 1조 원 규모로 편성되었고, 창업·벤처 예산도 전년 대비 20% 이상 늘었다. 실패를 두

려워하지 않는 환경을 만들겠다며 '재도전 펀드' 규모를 두 배 이상 확대하는 방안이 제시됐고, 창업자들의 회수 부담을 덜어줄 세컨더리 펀드 확충 계획도 이어졌다. 최종적으로 모태펀드 예산은 국회 심의 과정에서 1조 1,000억 원에서 약 8,200억 원 수준으로 조정되었지만, 적어도 정부의 의지와 방향성만큼은 분명해 보인다.

하지만 여전히 걱정스러운 부분이 많다.

국가가 시장을 주도하는 형국에서 스타트업은 시장보다 정책을 먼저 살핀다. 정부 지원금을 잘 받을 수 있는 방향, 모태펀드가 설정한 주목적과 결이 맞는 사업을 설정하는 것이 실패 확률을 줄이는 지름길이 된다. "어떤 문제를 풀 것인가"보다 "이 사업이 심사 기준에 맞을까"를 고민한다. 무엇보다 큰 병목은 자본의 구조에 있다. 한국 벤처펀드의 약 30~40%가량은 모태펀드를 비롯한 정책금융이 LP로 참여한다. 겉으로는 민간 펀드처럼 보이지만, 실제로는 공공자본 중심의 시장이다. 과거 주요 LP 역할을 했던 대기업·중견기업들은 본인들의 CVC^{Corporate Venture Capital, 기업형 벤처캐피탈}를 만들며 직접 투자로 이동했고, 그만큼 순수 민간자본의 유입은 줄어들었다. 자연스럽게 정책 자금에 대한 의존도가 더 높아졌다. 이런 구조에서는 '정책 목적'이 투자 판단에 불가피하게 반영된다. 지역 균형, 특정 업종 투자 비율과 같은 '정책성' 지표들이 실제 투자 의사결정에 영향을 준다. 실리콘밸리 VC들이 보여주는 극단적 자본주의 성향과는 뚜렷한 대조를 이룬다.

모태펀드와 같은 정책성 자금은 일반적으로 펀드의 '주목적 투자' 범위를 함께 규정하는데, 이런 장치들은 상당한 구조적 제약으로 작동한다. 모든 자펀드가 해외 투자를 하지 못하는 것은 아니지만, 원칙은 분명하다. 주목적 투자는 국내 기업이어야 한다. 해외 법인에 대한 투자는 비목적 투자로 분류되고, 펀드 약정액의 20~30% 이내에서만 제한적으로 허용된다. 최근 들어 한국인이 설립했거나 국내 지사를 둔 해외 기업 등에 대해 예외적으로 주목적 인정을 허용하는 방향으로 제도가 일부 완화되긴 했지만, 여전히 조건은 까다롭다.

예컨대 한국 국민 또는 국내 법인의 지분 합계가 30% 이상이면서 이들이 법인의 최대주주여야만 주목적으로 인정될 수 있다. 한국인이 40%를 가지고 있어도 최대주주가 아니면 요건을 충족하지 못하는 구조다. 해외 진출 과정에서는 현지 파트너와의 지분 조정 등 다양한 형태의 구조가 요구되지만, '정책자금'이라는 특성 때문에 제도가 받아들일 수 있는 설계의 범위는 제한적으로 고정되어 있다. 게다가 정부가 해외 VC와 함께 조성하는 글로벌 펀드조차 "모태펀드 출자액 이상은 반드시 한국 기업에 투자해야 한다"는 조건이 붙는다. 자본의 흐름이 상당 부분 내수형으로 맞춰져 있다는 뜻이다.

우리 사회의 공정성 규범도 이런 흐름을 강화한다. 한국 중소 벤처기업 정책의 기본값은 '폭넓게 나눠주기'다. 조금 과장해서 말하면 100조 원이 있다면 가장 잘하는 1개의 기업에 과감히 99조 원을 몰아주기보다 100개의 기업에 1조 원씩 배분하는 방식이 선호된다. 복지·사회정책 차원에서는 의미 있는 접근일 수 있지만, 혁신 생태계에서는 전혀 다른 결과를 낳는다. 혁신은 본질적으로 불평등한 게임이고, 상위 1%가 전체 99%의 가치를 만들어내는 구조에 가깝다. 이 현실을 무시하는 순간 '무임승차자free-rider'만 늘어나고, 정말 될 기업에 자본이 제대로 쌓이지 않는다. 글로벌 사업은 애초에 많은 자본을 필요로 한다. 실리콘밸리와 실리콘 와디의 경쟁자들과 제대로 붙어보려면 소수정예를 제대로 밀어줘도 성공 여부를 장담하기 어렵다. 과거 고성장 시대에서는 '잘하는 기업들은 적당히 견제하면서 성장이 어려운 곳들을 더 적극적으로 지원'해주는 전략이 어느 정도 작동working했을지 모른다. 하지만 저성장 국면에서 같은 방식을 유지하는 것은 모두를 천천히 몰락시키는 선택에 가깝다. '이미 많은 과실을 거둔 대기업의 이익을 어떻게 공정하게 나눌 것인가', '아직 성패가 갈리지 않은 스타트업에 투입할 자원을 어떻게 분산시킬 것인가'의 문제는 차원이 다른 논의다.

여기에 규제의 벽이 겹친다. 원격의료는 수년째 논쟁만 반복하고, 금융은 '샌드박스(어떤 산업 분야에서 특정한 제품이나 서비스를 대상으로 지정한 다음 그것에 대해 한시적으로 기존의 법이나 규제를 적용하지 않거나 유예, 면제하는 것)'조차 허가제처럼 운영된다. 자본의 맥은 정책자금이 쥐고 있고, 규제기관은 그 자본이 들어간 영역에서 리스크를 철저하게 낮추고자 노력한다. 조심스러운 접근법은 충분히 이해되지만, 그 정도가 지나치게 강하다. 이미 우리보다 몇 발 앞서 있는 선진국들보다도 더 보수적인 스탠스다. 속도가 핵심인 벤처 생태계에서는 감내하기 쉽지 않은 환경이다. 혁신이 기술이 아니라 규제기관의 판단에 좌우되는 나라에서 글로벌 유니콘이 자랄 토양이 단단히 구축되기를 기대하기는 어렵다.

실제로 한국 유니콘 리스트를 보면 놀라울 만큼 비슷한 패턴이 반복된다. 배달의민족·토스·직방 등 대부분이 한국 안에서만 작동하는 비즈니스다. 덩치는 커졌지만 확장성은 제한적이다. 해외 매출 비중이 10%를 넘는 기업은 손에 꼽을 정도이고, 시리즈A 단계부터 글로벌 스케일업을 전제로 설계된 기업은 더 드물다. '배틀그라운드'를 만든 글로벌 게임 회사 크래프톤, BTS를 중심으로 K-팝 사업을 전개하며 해외 매출을 올리는 하이브 같은 사례도 있지만, 전체 중 극히 일부에 그친다. 이스라엘·핀란드처럼 애초에 시리즈A부터 글로벌 시장을 기본값으로 삼는 국가들과는 구조적 전제가 다르다.

국내 유니콘 스타트업들의 또 한 가지 치명적인 문제는 큰 폭의 영업손실이다. 스타트업의 특성상 초기와 중기 단계에서 수익을 내기 어렵다는 점은 감안해야 한다. 그러나 기업가치가 1조 원을 넘어선 회사들이 오랜 기간 적자 폭을 줄이지 못하는 상황은 분명 논쟁의 여지가 있다. 이들은 쿠팡처럼 되고 싶어 하지만, 현실은 생각보다 훨씬 더 냉혹하다. 공격적인 투자로 독점적 위치를 선점한 뒤 안정적인 이익을 만들어내겠다는 전략이지만, 성장세는 둔화하고 손실 폭은 쉽게 줄어들지 않는다. 직방은 삼성 SDS의 홈 IoT 사업부를 인수하는 과감한 승부수를 던졌지만, 아직 뚜렷한 시너지를 증명하지 못한 채 큰 폭의 적자를 기록하고 있다. 마켓컬리는 2025년 사상 첫 분기 흑자를 달성하며 고비를 넘겼지만, 그 이전 수년 동안 매년 수천억 원대 손실을 감내해야 했다.

정부 당국은 유니콘 기업 육성을 위해 상당한 유·무형 자원을 쏟아붓고 있다. 국민의 세금이 투입된다는 의미다. 혁신을 기대하며 대한민국의 새로운 먹거리를 만들어줄 것을 바란다. 그러나 지금의 구조에서는 큰 폭의 영업손실을 기록하는 내수형 스타트업들에 자본이 집중되는 현상이 반복된다. 물론 이 과정이 남기는 긍정적 효과도 분명 존재한다. 양질의 일자리가 만들어지고, 소비자들은 더 편리하고 즐거운 서비스를 누린다. 그럼에도 한국의 지형학적·인구학적 조건을 고려하면, 내수시장만 바라보고 가기에는 한계가 너무 뚜렷하다. 출산율은 OECD 최저 수준이고, 고령화는 그 어느 때보다 빠르게 진행 중이다. 생존을 위해서는 필연적으로 한반도 밖에서 기회

를 찾아야 한다. 좋은 제품과 서비스를 해외에 팔 수 있는 역량
은 이제 선택이 아니라 생존 조건에 가깝다.

2025년 상반기에 전 세계에서는 40개가 넘는 신규 유니콘
이 등장했다. 미국에서만 25개, 영국·독일·프랑스 등 유럽에
서도 다수의 딥테크 유니콘(첨단 과학기술 기반 기술로 기업가치 1조 원
이상의 비상장 스타트업)이 나왔다. 그러나 한국은 단 한 곳도 없었
다. 누적 숫자만 보면 여전히 '유니콘 강국'이라는 타이틀을 유
지하고 있을지 모른다. 하지만 실제 글로벌 경쟁력의 관점에
서 보면 한국은 점점 '정체 국가'에 가까워지고 있다. 한국이
만들어내는 유니콘은 세계와 촘촘하게 연결되어 있지 않고,
세계 시장은 한국형 유니콘을 필수적인 플레이어로 받아들이
지 않는다. 글로벌 확장이 기본값이 된 시대에 내수 중심 스타
트업 모델은 시간이 갈수록 생존이 어려워지는 구조다.

물론 정부도 변화를 시도하고 있다. 현 정부가 벤처 생태계를
대하는 기본 스탠스는 (정치적 호오와 별개로) 긍정적이다. 그러나
문제는 의지가 아니라 구조다. 내수 중심으로 설계된 벤처생
태계, 글로벌 확장을 출발선에서부터 제한하는 정책자본, 혁신
보다 규제가 앞서는 제도 환경, 경쟁력보다는 공정성을 지나

치게 우선하는 중소벤처 정책 철학이 맞물리며 시장의 잠재력을 온전히 펼치지 못하고 있다.

이러한 구조적 한계를 넘어설 때 비로소 한국은 새로운 성장의 엔진을 다시 마련할 수 있다. 이어지는 책의 후반부에서는 이 'How어떻게'를 보다 구체적으로 다룰 것이다. 벤처자본의 구조 개편, 지역 전략, 정책 개선, 그리고 연대 외교까지 한국이 다음 단계의 벤처 국가로 나아가기 위해 필요한 '빅 픽처'를 하나씩 제시해보려 한다.

5장

국부펀드

앞선 장에서도 다뤘듯, 한국의 자본은 여전히 정책의 문법 속에 묶여 있다. 대한민국 벤처자본의 성격을 근본적으로 바꾸는 대전환이 필요하다. 이 지점에서 꼭 논의가 이루어져야 하는 개념이 바로 '스타트업 국부펀드'다.

국부펀드는 한 나라가 축적한 잉여자금을 장기적으로 운용하는 자본 풀pool이다. 외환 보유액이나 재정 흑자 등으로 채워진 자본을 글로벌 주식·채권·부동산 등에 배분하며 미래 세대를 위한 국가 자산을 불려 나간다. 스타트업 국부펀드는 이 구조를 한 단계 확장한다. 전통적인 국부펀드가 이미 성숙한 자산을 매입해 안정성과 수익률을 동시에 추구한다면, 스타트업 국부펀드는 초기 벤처기업 및 기술에 장기 자본을 공급하는 미래 지향적 모델이다. 이것은 단기 경기 부양이 아니라 10년, 20년 뒤 국가의 성장 엔진을 발굴하고 선제적으로 투자하는 전략적 자본의 배치다.

아부다비의 무바달라Mubadala와 싱가포르의 테마섹Temasek 은 좋은 벤치마크를 제공한다. 이들은 스타트업만을 위한 전용 국부펀드는 아니지만, 고위험high-risk·장기 기술 투자long-term investment에 국가가 어떻게 전략적으로 개입할 수 있는지를 보여주는 의미 있는 사례들이다.

무바달라는 웨이모Waymo, 텔레그램Telegram 등 수백 개의 기술기업에 투자했을 뿐만 아니라, HUB71(무바달라의 지원으로 설립 및 운영되는 글로벌 엑셀러레이터이자 스타트업 지원 플랫폼) 같은 생태계 구축에도 깊이 관여하며 단순한 재무적 투자자를 넘어서는 모습을 보였다. 아부다비, 런던, 샌프란시스코 등에서 글로벌 사무실을 운영 중이며, 2022년 기준 전 세계 국부펀드 중 두 번째로 큰 규모의 벤처 투자를 집행한 바 있다. 테마섹은 전통적인 상장 기업뿐 아니라 AI, 바이오, 크립토 등 고위험 분야의 스타트업에도 적극적으로 투자해왔다. 특히 해외 투자 비중이 크다는 점이 흥미로운데, 이스라엘의 사이버 보안 기업인 사이버아크CyberArk나 한국의 바이오테크 기업 셀트리온에도 투자한 바 있다. 2022년 이후 금리 인상과 FTX(암호화폐 거래소) 파산 등 시장

충격으로 초기 투자가 다소 줄었지만, 100% 자회사인 파빌리온 캐피탈Pavilion Capital과 버텍스홀딩스Vertex Holdings를 통해 여전히 글로벌 스타트업 생태계에서 의미 있는 영향력을 행사하고 있다.

한국에도 유사한 시도는 존재한다. 한국투자공사KIC가 외환 보유액 일부를 글로벌 자산에 투자하며 안정적 성과를 내고 있고, 중소벤처기업부는 딥테크 투자 확장을 위해 '스타트업 코리아 펀드'를 조성했다. 하지만 KIC는 구조적으로 스타트업 전문 기관이 아니며, 스타트업 코리아 펀드는 본질적으로 정책 펀드의 연장선에 있다. 특히 스타트업 코리아 펀드와 같은 예시는 정부가 직접 주도하는 국부펀드의 개념과 달리, 민간 중심의 벤처투자 생태계를 활성화하기 위한 민관 공동 조성 펀드에 가깝다.

흥미롭게도 스타트업 국부펀드 논의는 2025년 대선 국면에서 정치 쟁점으로 떠오르기도 했다. 이재명 대통령은 AI와 반도체 같은 국가 전략 산업에 대규모 국부펀드를 투입하고, 그 성과를 국민과 공유하겠다는 계획을 내놓았다. "한국판 엔비디아를 국가가 키워야 한다"는 메시지였다.

이에 대해 당시 후보였던 이준석 의원은 이를 '공산주의적 발상'이라고 비판하며 시장 효율성을 해칠 수 있다고 주장했다. 그는 규제 개혁과 인프라 개선이 정부의 본래 역할이라고 강조했다.

필자가 말하는 스타트업 국부펀드는 정부가 '정책 관료'로 개입하는 모델이 아니다. 특정 기업을 골라 지원금과 규제 특혜를 부여하는 방식도 아니다. 기술 산업적 전략을 바탕으로 합리적인 수익률까지 추구할 수 있는 장기 투자자에 더 가깝다. 이 자본은 단기 정치 사이클이나 지역 안배 논리에 흔들리지 않으며, 수십 년 뒤의 산업 지형을 바라보며 투자한다. 그리고 그 수익은 다시 스타트업 생태계와 국민경제로 환류된다.

우리는 이를 통해 세 마리 토끼를 잡을 수 있다.

첫째, 국가의 자본이 미래 먹거리가 될 초기 기업에 직접 투입된다. SK 최태원 회장은 대한민국의 문제점 중 하나로 자본 배분의 공정성을 지적한 바 있다. 벤처 생태계에서만큼은 될 것 같은 스타트업을 확실하게 밀어줘야 한다고 강조했다. '밀어주는 것'은 자본의 규모와 인내의 시간이 모두 포함된다. 국부펀드는 이를 가능케 한다.

둘째, 국내뿐만 아니라 글로벌 벤처 생태계 안에서 영향력을 확장할 수 있다. 스타트업 국부펀드가 결성되면 초기 벤처에 대한 투자를 국내외 구분 없이 집행해야 한다. 이미 유니콘, 데카콘이 된 기업들은 우리가 행사할 수 있는 영향력이 제한된다. 하지만 생각해보자. 대한민국이 만약 엔비디아라는 초기 기업을 조기에 발굴해 의미 있는 지분을 선제적으로 확보했으면 어땠을까? AI 전쟁에서 GPU를 공급받기 위해 국가 간 마찰도 불사하는 형국이다. 젠슨 황과의 깜부 회담도 좋고, 재벌 총수들의 노력에 박수를 아끼고 싶지 않지만, 법인에 실질적인 영향력을 행사할 수 있는 힘은 결국 주식에서 나온다.

셋째, 장기 자본 구조가 만들어내는 투자 수익이다. 초기 벤처 투자는 위험이 크지만 성공했을 때 엄청난 멀티플을 제공하는 투자다. 문제는 현재 한국의 벤처펀드 구조가 7~8년 만기 중심이어서 충분한 자금을 초기 단계에 배정하기 어렵다는 점이다. 기술이 성숙하기 전에 펀드가 먼저 만기를 맞는다. 스타트업 국부펀드는 이러한 시간의 제약에서 자유롭다. 기간에 얽매이지 않고 더 긴 호흡으로 멀티플에 집중할 수 있으며, 성과로 얻은 이익을 다시 생태계에 투입하는 구조는 기존 자본

시장의 한계를 상당 부분 보완할 수 있을 것이다.

그러나 이 모든 구상은 '기금이 존재하는 것'만으로는 결코 완성되지 않는다. 어떻게 설계하고, 운영하느냐가 핵심이다.

정치 독립성은 필수적이다. 정권이 바뀔 때마다 전략이 뒤바뀌는 구조에서는 장기 투자자의 역할을 적절하게 수행할 수 없다. 주무부처의 입김이 강하게 작용하고, 최고투자책임CIO이 2~3년마다 바뀌는 풍토에서는 전문성을 키우기 어렵다. 정치권의 낙하산이 되거나 관료들의 자리 나눠 먹기가 되는 순간, 실패는 예정된 것이라 볼 수 있다. 또한 투자 기준은 지리적 기준이 아니라 기술과 시장 기준이어야 한다. 델라웨어든 텔아비브든 실리콘밸리든, 한국의 미래에 기여할 기술이라면 과감히 투자해야 한다.[1] 글로벌 GP들과의 실질적 파트너십 구축도

---

1 싱가포르의 테마섹은 해외 지역 포트폴리오 비중이 대략 50% 수준이다(2025년 기준). 혹자는 해외 투자로 인한 달러 유출을 걱정하지만, 필자가 제안하는 스타트업 국부펀드는 국민연금보다 훨씬 더 규모가 작을 것이기에 크리티컬한 영향은 없을 것으로 본다. 환율 이슈는 여러 매크로macro 변수들이 복합적으로 작용하는데, 우리가 통제할 수 없는 외부 요소를 제외하면, 장기적으로는 국가의 경쟁력을 강화하는 데 초점을 맞추는 것이 적절하다고 판단한다. 이는 결국 다시 한번 '벤처 국가론'으로 연결될 수밖에 없다.

필요하다. 이를 통해 벤처 생태계 최전선에 접근할 수 있어야 한다. 실리콘밸리는 MOU 수준의 협력에는 관심이 없다. 그들은 '자본이 섞였는가'로 파트너십을 판단한다. 공동 GP 구조, 공동 딜 소싱, 전략적 LP 출자 등 자본을 실질적으로 연결하는 구조를 고민해야 한다.

설계 과정에서 반드시 고려해야 할 또 하나의 축은 (다시 강조하지만) '시간'이다. 세콰이어가 2021년 선보인 에버그린 펀드Evergreen Fund는 만기가 없는 구조로, 기존 벤처펀드의 단기적 제약을 벗어났다. 한국 벤처 생태계가 겪는 가장 근본적인 병목 역시 '시간의 부재'다. 바이오, 반도체, AI와 같은 딥테크의 완성을 위해서는 10년 이상이 소요되지만, 한국 VC는 7~8년 안에 회수를 요구한다. 기술이 꽃피우기 전에 자본이 지치는 구조를 해결해야 한다. 다른 단위의 타임스케일timescale 이 필요하며, 국부펀드는 그 역할을 맡기에 적합하다.

또 다른 관건은 재원 조달이다. 주요 선진국들보다는 상황이 괜찮지만, 한국의 국가 부채비율도 이제 50%를 넘어섰다 (미국, 프랑스, 일본 등은 이미 100% 초과). 이재명 정부 이후 확정 재정의 기조까지 고려하면 신규 재정 여력이 크지 않다. 그렇다고 시간을 끌 수 있는 문제도 아니다. 기술 패권 경쟁은 지금 이 순간에도 진행 중이다. 그럼 해답은 단순하다. 이미 보유한 자본을 재배치하는 방향으로 문제를 풀어야 한다.

한국은 이미 큰 규모의 자본을 갖고 있다. 다만 그 자본이 대부분 중·단기 안정성과 보수적 운용이라는 틀에 고착되어 있을 뿐이다. 이 가운데 현실적으로 실행 가능성이 높고, 국가적 부담도 적은 재원 조달 방식은 세 가지 축으로 정리할 수 있다.

첫째, 공기업과 공공기관이 보유한 자산의 전략적 재배분이다. 국민연금처럼 정치적 부담이 큰 기관은 제외하더라도, 산업부·기재부 산하 공기업들의 자산 규모는 이미 수십조 원에 달한다. 싱가포르 테마섹이 국영기업 지분 정리를 통해 초기 재원을 조성했던 것처럼 한국도 비핵심 자산 매각이나 포트폴리오 조정을 통해 미래 산업에 투입할 자본 풀을 충분히 만들 수 있다. 이는 낭비가 아니라 자본의 재구성이다. 과거 중심의 자산 구조를 미래 산업 중심으로 재편하는 일이다.

둘째, 모태펀드나 성장 금융 등으로 흩어져 있는 정책 자본의 일부를 조정하는 방식이다. 핵심 골자는 역할 분담이다. 모태펀드는 2005년 이후 약 11조 원을 'LP' 방식으로 출자하며 국내 VC 생태계의 뼈대를 만들어왔다.

반면 스타트업 국부펀드는 성격이 다르다. 이 기구의 본질은 직접투자direct investment를 중심으로 딥테크 분야에 국가 차원의 장기 베팅을 수행하는 것이다. 그렇다면 LP 출자(간접투자)에 대한 기능은 모태펀드가 전담하고, 국부펀드는 직접투자에 특화된 기관으로 설계하는 방식도 가능하다(필자의 의견: 글로벌 GP와 파트너십을 맺는다면 모태펀드가 해당 펀드에 출자를 해주고, 국부펀드는 공동으로 딜소싱/투자하는 구조도 그려볼 수 있다).

이러한 관점에서 보자면 코로나 시기 모태펀드가 운용했던 약 1,000억 원 규모의 직접투자 프로그램 같은 사례는 향후 국부펀드로 이관하는 것이 자연스럽다. 또한 과기부가 AI 분야 육성을 위해 모태펀드에 출자하는 예산에서 특정 기업에 대한 전략적·집중적 투자가 필요하다고 판단되는 경우라면 해당 부분을 국부펀드에 직접 배정하는 방식도 설계할 수 있다. 중요한 것은 두 기관의 역할을 명확히 분리해 중복을 줄이고, 국가 자본을 가장 높은 전략적 효용이 발생하는 지점으로 재배치하는 일이다.

셋째, 한국투자공사KIC와 같은 기존의 국부펀드 포트폴리오 중 일부를 미래 기술 전용 자산군으로 분리하는 방식이다. KIC는 안정성을 최우선 가치로 두고 있지만, 전체 자산 중 1~3%만 '혁신 자산군'으로 재편해도 규모는 수조 원에 이른다. 이는 기존 포트폴리오의 위험도를 크게 높이지 않으면서도 국가 차원의 기술 확보 전략을 동시에 실행할 수 있는 방식이다. 노르웨이 국부펀드가 실제로 활용해온 구조이기도 하다.

이 세 축이 작동하면 초기 5조~10조 원 규모의 스타트업 국부펀드는 충분히 조성이 가능하다. 이후 투자 포트폴리오의 자연스러운 회수 사이클을 통해 장기 자본이 지속적으로 공급되는 구조도 구축된다. 실제로 모태펀드 청산 펀드의 멀티플은 약 1.4배, 내부수익률IRR은 8~9% 수준으로, 리스크가 큰 만큼 대부분의 연기금보다 높은 성과를 기록해왔다.[2] 다시 말해,

---

2 KIC의 최근 10년간 수익률은 약 6% 수준인 것으로 파악된다. 2005년 기재부와 한국은행으로부터 1,180억 달러를 위탁받아 자산의 운용을 시작했고, 규모는 2025년 하반기 기준 약 2,276억 달러 수준으로 불어났다.

이는 과도한 재정 지출을 요구하는 사업이 아니라 이미 보유한 국가 자본의 방향성을 전환하는 전략적 선택에 가깝다.

결국 질문은 단순하다. "한국은 앞으로도 정책기금 중심의 구조에 머물 것인가", 아니면 "기술과 미래를 사들이는 투자 국가의 시대를 열 것인가." 스타트업 국부펀드는 우리가 그 질문에 어떤 답을 선택하는지, 그리고 그 선택을 실제 제도로 구현할 의지가 있는지를 가늠하는 리트머스 시험지다. 정부 역시 변화를 시도하고 있다. 실제로 2025년 150조 원 규모의 '국민성장펀드'가 출범했지만, 여러 보도 내용을 종합하면 필자가 주장하는 '스타트업 특화 국부펀드'와는 거리가 있어 보인다. 규모는 다소 작더라도 더 철저하게 벤처에 초점을 맞춘 자산의 운용이 필요하다.

스타트업 국부펀드는 변화의 출발점이 될 수 있다. 내수 중심 유니콘과 규제 친화적 서비스에 자본이 몰리는 기존 구조를 넘어, 외화벌이가 가능한 산업과 글로벌 기술기업에 국가 자본을 조직적으로 배치할 수 있다. 이미 세계 곳곳의 국부펀드가 기술을 중심으로 자본 전쟁을 벌이고 있다. 한국이 이 흐름에서 비켜 서 있는 시간이 길어질수록, 다시 뛰어오르기 위해 넘어야 할 벽은 더 높아질 것이다.

그 과정에서 국민적 공감대를 형성하기 위한 노력도 필요하다. 지금까지 한국인의 기본 포트폴리오는 부동산, 예금, 코스피 대형주였다. 그러나 기술 패권 경쟁의 시대에 이 전략은 유효하지 않다. 부동산은 내일의 먹거리를 만들어주지 않는다. 국가 자원이 스타트업이라는 새로운 성장 동력에 배치되는 것이 결국 국민 전체의 장기적 이익으로 돌아온다는 인식이 확산되어야 한다. 이 공감대가 형성되어야만 정부도 안정적으로 스타트업 국부펀드를 추진할 수 있다.

우리는 분명한 갈림길에 서 있다.

앞으로의 5년이 그 뒤 50년의 성패를 결정할 것이다.

6장

스타트업의 가치, 코스닥의 역할

스타트업의 '적정 가치'는 늘 논란의 대상이다.

정보가 공개되어 있고 자유롭게 거래가 가능한 상장시장과 달리, 비상장시장은 소수의 참여자들이 가격을 결정하고 회사의 주식을 거래한다. 국내 VC 업계를 보면 약 2,000명 정도의 심사역이 활동하고 있는 것으로 파악되는데, 이 중 기업가치 선정에 실질적인 결정권을 갖는 시니어급 인력은 대략 20% 수준이다. 결국 실제로 스타트업의 가치를 판단하는 인원은 400명 안팎에 불과하다고 봐도 큰 무리는 없다.

정보의 비대칭이 명확한 시장이고, 객관성보다는 주관성이 강하게 개입될 여지는 분명 존재한다. 예컨대 20억 원의 가치를 인정받던 스타트업이 1년 후에는 100억 원, 2년 후에는 1,000억 원의 밸류에이션을 인정받는 사례도 존재한다. 실적이 드라마틱하게 개선되며 기업가치가 가파르게 우상향하는 경우도 물론 있지만, 필자의 경험상 열에 여덟이나 아홉은 심사역들 간의 '합의consensus'에 의해 가치가 빠르게 상향 조정된 케이스들이었다.

물론 이에 대한 논리logic도 존재했다. 기술기업의 특허 출원 성공, 커머스 플랫폼의 거래액 상승, 사용자 지표의 성장 같은 요소들이 기업가치를 상향 조정하는 기준점으로 활용되었다. 하지만 기업은 결국 '이익의 함수'다. 아무리 좋은 기술과 매력적인 서비스를 가지고 있어도 이익을 낼 수 없다면 법인은 지속 가능하지 않다. 이 원칙은 스타트업이라고 해서 예외가 될 수 없다.

혹자는 스타트업이 본질적으로 이익을 내기 어려운 구조라는 점을 강조한다. 일리가 있는 말이다. 다만 필자의 개인적인 생각을 덧붙이자면, 2010년대 초반부터 2020년대 초반까지 이어진 글로벌 유동성 랠리는 분명 과도한 측면이 있었다. 예를 들어보자. 실제 사례를 바탕으로 비상장사 A와 코스닥 상장사 Z를 비교해보자. 두 회사 모두 딥테크 사업을 지향하고 있고, 속한 산업군은 다르지만 전도유망한 시장에서 사업을 전개하고 있다. A와 Z의 실적과 기업가치는 다음과 같았다.

기업가치 비교: 비상장사 vs 상장사

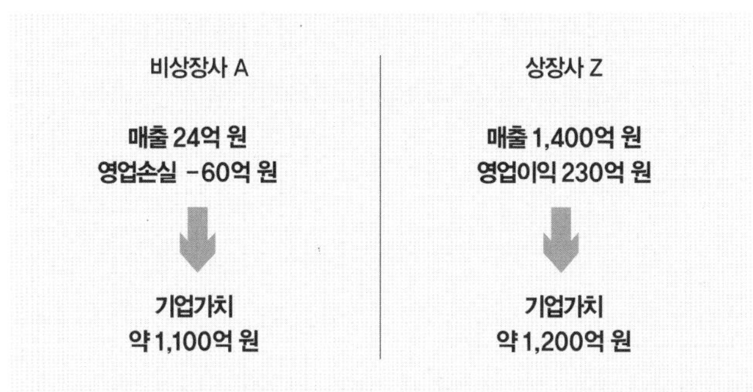

보다시피 상장사 Z의 실적이 압도적으로 높다. 전년 대비 성장률 역시 두 회사 간에 큰 차이는 없다. 그럼에도 불구하고 기업가치는 거의 동일한 수준에서 형성되어 있다. 비슷한 성장성을 가진 시장에서 차별적인 기술을 바탕으로 사업을 전개한다는 공통점이 있음에도, 데이터만 놓고 보면 이들의 밸류에이션은 쉽게 납득하기 어렵다. 이와 유사한 사례들은 일일이 나열하기 어려울 정도로 많다. 이는 상장시장과 비상장시장 사이에 구조적인 갭이 존재한다는 사실을 의미한다.

문제의 본질은 단순하다. 스타트업은 지나치게 고평가되었고, 코스닥 상장사는 구조적으로 저평가되어 있다.

다행스러운 점은 스타트업의 벨류에이션이 이미 상당 기간 조정 국면을 거쳤다는 것이다. 2022년 이후 본격화된 인플레이션 환경 속에서 미국 연준은 공격적으로 금리를 인상했고, 이는 스타트업 생태계 전반에 직격탄이 되었다. 투자 규모는 급감했고, 기업가치 1조 원 이상을 기록하던 유니콘 스타트업의 증가세 역시 꺾였다. 국내도 마찬가지였다. 2023년 상반기 기준 스타트업이 유치한 투자 금액은 전년 동기 대비 절반에 가깝게 감소했다. 파산 또는 유동성 위기를 경험한 스타트업 역시 큰 폭으로 늘었고, 수천억 원의 투자를 유치했던 대형 스타트업들조차 혹한기를 피해가지 못했다. 이 과정을 통해 비상장 기업들의 밸류에이션은 상당 부분 '정상화'되었다고 볼 수 있다.

반면, 코스닥 시장의 회복 속도는 여전히 더디다. 정부의 다양한 부양 정책 속에서 코스피가 역사적 고점을 경신한 것과 달리, 코스닥은 갈 길이 멀다. 코스닥 지수의 장중 최고치는 2000년에 기록한 2,925포인트였으나, IT 버블 붕괴 이후 300포인트 선까지 추락했다. 2026년 다시 '천스닥(1,000포인트)'을 돌파하며 반등에 성공했지만, 여전히 갈 길은 멀다.

이 문제는 단순히 지수의 부진에 그치지 않는다.

코스닥은 한국 스타트업과 벤처기업의 핵심 회수 플랫폼이기 때문이다.

조금 더 구조적으로 살펴보자. VC가 스타트업에 투자한 자금을 회수하는 방식은 크게 IPO, 매각(M&A 및 구주 매각), 상환으로 나뉜다. 매년 편차는 있지만, 국내 벤처 시장에서 회수의 절대다수는 이 세 가지 방식에 의존한다. 숫자만 놓고 보면 매각이 가장 큰 비중을 차지하지만, 한국의 경우 이는 대부분 VC 간 구주 거래에 가깝고, 전략적 M&A를 통한 회수는 매우 제한적이다. 실제로 2018년 기준 미국 벤처 시장에서 M&A를 통한 회수 비중은 약 45%에 달했지만, 한국은 2019년 기준 0.5% 수준에 불과했다. 상환을 통한 회수 역시 비중이 작지 않지만, 대부분 원금 회수에 그치기 때문에 의미 있는 회수로 보기는 어렵다.

결국 한국 VC·스타트업 생태계에서 가장 중요한 회수 창구는 IPO, 그리고 그 무대는 코스닥이다. VC 간에 구주를 사고파는 거래 역시 자세히 들여다보면 IPO가 임박한 후기 단계 딜이 대부분이다. 다시 말해, 한국 벤처 생태계의 성패는 코스닥의 퍼포먼스와 직결되어 있다고 해도 과언이 아니다. 코스피는 본질적으로 스타트업의 리그가 아니다. 자기자본, 매출, 규모 요건 모두 스타트업에게는 높은 장벽이다. 일부 예외적인 직상장 사례가 존재하지만, 셀트리온처럼 코스닥에서 시작해 코스피로 이전하는 경로가 보다 일반적이다. 스타트업의 주요 상장 채널은 여전히 코스닥이다.

이재명 정부는 벤처 시장 활성화를 정권의 핵심 키워드 중 하나로 제시하고 있다. 제2의 벤처붐을 언급하며 여러 정책적 시도가 논의되고 있다. 그러나 무엇보다 중요한 포인트는 코스닥 시장의 구조적 개선이다.

작금의 코스피 시장은 결국 소수의 대형주가 강력하게 드라이브를 거는 구조로 시가총액 비중이 큰 삼성전자와 하이닉스의 역할이 크다. 국가 경제 차원에서 반도체 산업의 약진은 반갑다. 이와 연결되어 있는 수많은 1차, 2차 벤더에게도 낙수효과가 분명 있을 것이다. 하지만 대한민국 벤처 국가론에서 강조하고 싶은 '성장', '혁신성'이라는 키워드는 결국 벤처로 풀어야만 한다. 원래 잘하던 것은 계속 잘하면서 '플러스 알파'를 찾아야 한다는 뜻이다. 이런 관점에서 코스피의 선전은 반가 우면서도 아쉽다. 코스닥이 함께 올라가지 못한다면 반쪽짜리 성공으로 남을 수밖에 없을 것이다.

적극적인 코스닥 부양 정책이 필요하다. 코스피5000 특별위원회는 이제 '코스닥3000'을 말하고 있다. 이미 여러 긍정적인 움직임들이 보인다. 세제 혜택이 논의되고 있고, 한국거래소 내 코스닥 시장 본부의 독립성을 강화하려는 모습도 보인다. 국민연금, 공무원연금 등 주요 연기금의 코스닥 참여를 유인하기 위해 기금 운용 평가 시 기준 수익률에 코스닥지수를 일정 비율 반영하는 것도 검토 중이고, 코스닥 기업들의 리서치 보고서도 확대한다고 한다.

의미 있는 시도들이다. 모두 현실화될지는 미지수지만, 방향성은 잘 잡았다. 여기에 한 가지를 더 강조하고 싶다. 딥테크 기업을 향한 리스크 허용치risk appetite에 대한 재설계다.

과거 기술특례상장은 수익이 없더라도 기술력이 뛰어난 기업에게 자본시장의 문을 열어주었다. 물론 그 과정에서 실패 사례도 존재했다. 하지만 사후 책임을 과도하게 강화한 결과, 현재 코스닥 시장은 지나치게 보수적으로 변모했다. 특히 신약과 연결되는 바이오테크 산업은 실패 확률은 크지만, 성공

시 사회·경제적 파급력이 압도적인 대표적 딥테크 영역이다. 이 분야를 매출 기준(라이선싱 아웃 여부)으로만 평가하는 순간, 자본시장은 스스로의 기능을 포기하게 된다.

물론 옥석 가리기는 더욱 정교해져야 한다. 다만 핵심 기준은 단순 탑라인이 아니라 기술의 '잠재적 경제 가치potential economic value'여야 한다. 이를 위해서는 상장 심사 과정에 보다 시장 친화적이고 경험 많은 평가자들이 참여할 필요가 있다. 실무 경험이 전무한 아카데미아들의 비중을 낮춰야 한다. 이해관계에서 자유로운 글로벌 투자자나 벤처캐피탈리스트들을 평가자로 포함하는 방안 역시 검토할 수 있겠다.

아울러 AI에 대한 과도한 기대 역시 경계할 필요가 있다. AI는 분명 세상을 바꾸는 위대한 범용 기술로 자리 잡아가고 있지만, AI가 적용된다는 이유만으로 모든 문제가 자동으로 해결되지는 않는다. 앞서 언급한 신약 개발 사례만 보더라도 AI를 통해 연구 효율이 유의미하게 개선될 수는 있지만, 결국 성패를 가르는 것은 기초 연구와 과학적 축적이다. 과도한 기대감은 판단을 흐리게 만들고, 잘못된 자본 배분으로 이어질 수 있다.

위험을 감내할 수 있는 판은 더 크게 벌여주되, 기술에 대한 냉정한 판단이 시스템 안에서 동시에 작동해야 한다. 거짓 정보와 불법적인 행위로 투자자를 기만하는 행위는 더 처절하게 응징하되, 과도하게 움츠리는 방어적 스탠스로 딥테크의 씨앗을 말려버리는 것은 안 된다.

코스닥은 대한민국 벤처 국가론의 성패를 가르는 핵심 인프라다. 스타트업의 가치가 비상장시장에서 왜곡되지 않고, 상장시장에서 정당하게 평가받을 수 있을 때 자본은 다시 혁신을 향해 흐른다. 코스닥이 살아나지 않으면, 벤처 생태계의 선순환 역시 완성될 수 없다.

VENTURE
NOMICS

7장

벤처펀드의 미스매치와 VC 2.0

벤처펀드의 미스매치와 VC 2.0

기술 혁신에는 시간이 필요하다. 바이오, 반도체, AI 같은 분야는 한 기업이 뿌리를 내리고 실질적 성과를 내기까지 10년, 때로는 20년 이상의 시간을 요구한다. 앞에서 살펴본 스타트업 국부펀드는 이런 시간의 문제를 일정 부분 해소할 수 있는 장기long-term 벤처자본이다. 그러나 아무리 강력한 장기 벤처자본이라 하더라도 모든 문제를 해결하는 만능 열쇠는 아니다. 기술은 10~20년의 시간을 요구하는데, 현재의 벤처자본 구조는 여전히 7~8년짜리 시계에 묶여 있다. 이 간극을 메우기 위해서는 공공 벤처자본의 역할 재편을 넘어, 벤처자본의 문법 자체를 한 단계 진화시킬 필요가 있다. 필자는 이를 VC 2.0이라고 부르려고 한다.

벤처 생태계의 구조를 들여다보면, 가장 위에는 벤처자본을 공급하는 주체, 즉 LP가 있다. 그 아래에 LP의 자본을 모아 펀드를 만들고 투자하는 GP, 우리가 흔히 말하는 VC가 있고, 바로 아래에서 VC 자본을 받아 사업을 하는 존재가 스타트업이다. 우리의 시야에 가장 많이 등장하는 이야기는 GP와 스타트업의 서사지만, 생태계의 방향을 결정하는 핵심 주체는 바로 LP다. 국민연금이나 공제회와 같은 연기금, 정책적 목표를 가진 정부 기관, 사업적 목표로 접근하는 대기업과 중견기업 등이 해당된다.

이 중에서도 가장 '큰손'을 꼽는다면 보통 연기금이 가장 많이 언급된다. 연기금의 목표는 명확하다. 반드시 돈을 벌어야 하고, 동시에 잃지 않아야 한다. 국민의 노후 안정성과 직결되는 자본이기 때문이다. 그래서 연기금은 채권, 부동산, 주식 등 다양한 자산군에 분산 투자하며 안정성과 수익성을 함께 추구한다. 벤처투자는 그 가운데 가장 고위험·고수익 자산군 중 하나다.

저금리 시대에는 이 구조가 큰 마찰 없이 작동했다. 예금과 국채로 기대할 수 있는 수익률을 고려하면, 벤처펀드가 목표로 하는 연 8~10%의 수익률은 충분히 매력적이었다. 그러나 중금리 시대가 도래하면서 상황은 달라졌다. 미국 국채만으로도 연 4~5% 수익을 얻을 수 있는 환경에서 연기금은 벤처펀드에 더 높은 목표 수익률을 요구할 수밖에 없었다. "위험을 감수할 것이라면 그에 상응하는 보상이 필요하다"는 원칙이 벤처자본의 압력으로 전가되었다.

수익률은 배수와 시간의 함수다. 같은 두 배의 수익이라도 3년에 회수하면 높은 수익률이 되지만, 10년에 회수하면 수익률은 급격히 떨어진다. 예를 들어 10억 원을 투자해 20억 원을 회수한다고 가정해보자. 3년 만에 회수하면 연 수익률은 약 26%지만 5년이면 15%, 10년이면 7% 수준에 그친다. 겉으로는 모두 '두 배 수익'이지만 LP가 체감하는 경제적 가치는 다르다. 이 단순한 원리가 GP의 행동을 사실상 한 방향으로 넛지한다. 초기 단계에서 낮은 밸류에이션으로 투자하면 성공했을 때 배수는 크지만 시간이 오래 걸리고 실패 확률도 높다. 반대로 더 다음 단계에서 들어가면 배수는 줄어들지만 회수 속도는 빨라진다. 이러한 이유로 많은 VC는 자연스럽게 후자를 택하게 된다. 펀드 규모를 키워 관리보수를 안정적으로 확보하고, 회수 기간이 짧고 리스크가 상대적으로 작은 중·후기

기업 중심으로 포트폴리오를 구성하는 방식이 업계의 표준 전략이 되었다.

문제는 그 과정에서 혁신의 뿌리가 형성되는 초기·극초기 단계의 벤처자본이 급속히 말라간다는 점이다. LP의 목표 수익률을 충족하기 위해 GP들은 점점 더 후반부로 이동하고, 이미 성장 흐름이 검증된 기업에 더 큰 자본이 몰린다. 본래 벤처자본이 전제로 했던 '높은 위험을 감수하는 초기 혁신 투자'의 정신은 점차 희미해지고 있다.

여기에 더 근본적인 미스매치가 존재한다. 한국의 일반적인 벤처펀드 만기는 7~8년이다. 연장도 가능하지만 어디까지나 예외적 조치다. 반면 기술 스타트업이 창업에서 의미 있는 마일스톤이나 IPO에 도달하기까지 걸리는 시간은 일반적으로 10년 이상이며, 바이오·반도체 등 딥테크 영역은 이보다 훨씬 더 길다. 즉, 국내 벤처자본이 요구하는 시간과 기술이 요구하는 시간이 구조적으로 맞지 않는다. M&A 시장이 제한적인 한국에서는 IPO가 사실상 유일한 회수 경로에 가까운 현실을 감안하면 이 미스매치는 더욱 심화된다. LP는 수익률에 쫓기고, GP는 만기에 쫓긴다. 그 압력의 틈새에서 기술적 난제가 많은 스타트업이 먼저 무너진다.

그러나 벤처자본은 단순한 수익률의 문제가 아니다. 자본시장에서 수익률은 물론 중요하다. 하지만 국가적 관점에서 보면, 높은 위험을 감수하더라도 초기·극초기 스타트업을 지지하는 자본이 일정 비율 이상 반드시 존재해야 한다. 기술 창업의 뿌리는 쉽게 자라지 않는다. 이 영역을 떠받치는 역할을 누군가 수행하지 않는다면, 국가의 혁신 시스템은 어느 순간부터 자생력을 잃게 된다. 그렇기에 벤처 투자는 자본의 특징상 '공익적 가치'를 추구하는 역할이 무척이나 중요할 수밖에 없다. 수익률 외에 명확한 '미션'이 있어야 하고, 최소 10년 이상을 견딜 수 있는 긴 '타임프레임'이 있어야 한다.

그렇다면 이러한 성격을 지닌 자본을 어디에서 찾을 수 있을까. 그 한 가지 예가 바로 비영리 기반 자본이다. 비영리 자본은 기부금, 출연금, 장기 적립금 등으로 구성되며, 출발점부터 '공익'을 목표로 한다. 수익을 내면 좋지만, 수익 자체가 최우선 목적은 아니다. 중요한 것은 세상의 문제를 해결하고 사회적 가치를 창출하는 일이다. 그렇기 때문에 이 자본은 본질적으로 인내심이 많다. 3년 안에 상장을 요구하지 않고, 7년 안에 청산을 압박하지 않는다. 벤처기업이 성장하는 데 필요한 긴 호흡을 받아들일 수 있는 독특한 성격을 갖고 있다.

덴마크의 노보노디스크재단Novo Nordisk Foundation은 아주 훌륭한 사례다. 재단은 노보홀딩스를 100% 소유한 구조를 바탕으로 수십 년간 만성질환 치료를 위한 기초 연구, 기술기업 설립, 임상 개발을 꾸준히 지원해왔다. 비만 치료제 위고비로 유명한 노보노디스크를 비롯한 주요 계열사들이 세계적 기업으로 성장한 배경에는 재단의 '장기적 미션 중심mission-driven' 자본이 있었다.

재단은 주요 계열사인 노보노디스크와 노보네시스를 제외하고도 200여 개의 생명과학 기업의 지분을 갖고 있으며, 만성질환뿐만 아니라 AI·양자컴퓨팅 등 바이오헬스케어에 도움이 되는 딥테크 영역에도 공격적으로 투자를 집행하고 있다. 엔비디아와 함께 AI 슈퍼컴퓨터를 구축하거나, 코펜하겐을 양자 기술의 허브로 만들겠다며 수천억 원 규모의 투자에 나선 것 역시 같은 맥락이다. 이는 재단이 '단순 수익을 위해' 움직인 것이 아니라, 자신의 미션을 더 깊고 넓게 수행하기 위해 장기 자본을 공급한 결과다. 그리고 그 과정에서 재무적 성과는 자연스럽게 뒤따랐다.

한국에도 이런 자본의 씨앗은 이미 존재한다. 정주영 회장이 설립한 아산나눔재단, 메가스터디 손주은 회장이 만든 윤민창의재단은 초기 스타트업을 대상으로 투자 및 인큐베이션 프로그램을 운영하고 있다. 규모 면에서는 아직 미국의 대형 재단들에 비할 수 없지만, 방향성만큼은 분명하다. '단기 수익률'이 아니라 '좋은 창업가가 더 많이 등장하는 생태계'를 목표로 하는 자본이라는 점이다. 눈앞의 회수보다 장기적인 생태계 형성을 우선순위에 두는 자본이 한국에서도 서서히 자리 잡고 있다는 사실 자체가 중요하다.

서울대병원 의생명연구원장을 역임한 김효수 교수가 설립했고 필자가 몸담고 있는 미래의학연구재단 역시 비슷한 문제의식에서 출발했다. 연구자·의사과학자들이 초기 바이오테크를 창업할 때 가장 먼저 부딪히는 벽은 기술이 아니라 자본과 네트워크다. 연구 성과는 충분하지만 그것만으로는 회사를 운영하기 어렵고, VC가 투자하기에는 '아직 너무 이른 단계'인 경우가 압도적으로 많다. 이 공백을 메우기 위해 재단은 단순한 연구 지원금 제공을 넘어, 액셀러레이터 형태의 투자 비히

클을 운영하며 초기 창업팀에 직접 투자하고, 기술·사업 개발에 필요한 네트워크를 제공하고 있다. 차가워진 초기 바이오테크 투자 환경에서 수익률만 보지 않는 '따뜻한 장기 자본'이 어떤 역할을 할 수 있는지를 실제로 증명하고 있는 셈이다.

국가 차원에서 장기 베팅을 담당하는 국부펀드가 '공공 장기 자본'이라면, 재단과 같은 비영리법인은 '미션 중심의 민간 장기 자본'이다. 이 두 축이 함께 작동할 때 비로소 생태계는 단기 회수의 압박에서 일정 부분 벗어나고, 다시 한번 혁신 창업가와 미래 기술에 집중할 여지가 생긴다. 한국이 딥테크 기반의 새로운 성장엔진을 만들고자 한다면, 이러한 장기 자본의 비중을 어떻게 확장할 것인지에 대한 논의가 반드시 필요하다.

물론 현실의 제약도 분명하다. 한국에서 기부는 주로 불우 이웃 돕기나 의료비 지원처럼 '즉시 소비되는 선행'으로 인식되는 경향이 여전히 강하다. 그것이 나쁘다는 뜻은 아니다. 다만 사회적 약자를 직접 돕는 기부와 더불어 미래 산업을 키우고 국가의 기술 역량을 확장하는 방식의 기부, 즉 성장을 위한 '확대 재생산이 가능한 기부'도 함께 논의되어야 한다.

비영리 모델은 하나의 예시일 뿐 절대적인 해답은 될 수 없다. 생태계 내 하나의 조각으로 이해하고 접근해야 한다. 동일한 문제를 기술적으로 푼다면, 벤처 투자금을 토큰화해 기관이 아닌 개인 고객으로부터 자금을 조달하고, 조달한 자금을 블록체인 위에서 안전하게 운용·거래하는 방법도 있을 것이다. 핵심은 이와 같은 자본이 지향하는 방향성이다. 이러한 VC 2.0에 대한 필자의 믿음은 견고하다.

8장

서울과 부산

지역 균형 발전은 분명 더 이상 미룰 수 있는 과제가 아니다. 수도권 집중은 이미 임계점을 넘어섰고, 지방의 인구·산업·재정 기반은 구조적으로 약화되고 있다. 이재명 대통령이 "지역 균형 발전은 대한민국 생존을 위한 마지막 탈출구"라는 표현을 사용한 것도 과장이 아니라, 현실 인식에 가깝다. 다만, 모든 국가적 문제에 같은 해법을 적용할 수는 없다. 특히 스타트업 생태계에 지역 균형 발전이라는 목표를 직접 결합하는 순간, 대한민국의 벤처 국가론이 흔들릴 수 있다.

지역 균형 발전은 중요하다. 하지만 이는 스타트업으로 풀 문제가 아니다. 서울시 창업정책과의 내부 세미나에서도 동일한 메시지를 주장한 바 있는데, 이 이슈는 국가 권력이 가진 가장 강력한 레버로 다뤄야 한다. 행정수도의 실질적 이전, 공공기관의 전략적 재배치, 민간 대기업의 핵심 기능 일부 분산, 그리고 입시와 연계된 교육 정책의 재설계 같은 선택지들이 논의되어야 한다. 많은 에너지가 소모되겠지만, 감내할 부분은 감내해야 한다.

스타트업 생태계에서 기본값default은 실패다. 열에 아홉은 망한다. 여기서 국가의 핵심 역할은 벤처기업의 성공 확률을 조금이라도 높여주는 것인데, 그 확률을 좌우하는 핵심 콘셉트 중 하나가 바로 '클러스터cluster'다.

클러스터는 단순한 산업 집적지가 아니다. 기업, 투자자, 연구소, 대학, 공공기관이 한 점에 모이며 실패 확률을 낮추는 구조다. 미국의 실리콘밸리는 우연히 생긴 결과물이 아니다. 스탠퍼드대학교 인근에 반도체 기업들이 집중되며 형성된 기술 집적이 출발점이었고, 이후 반도체 기술을 활용하는 소프트웨어 기업과 인터넷·모바일 서비스 기업이 연쇄적으로 등장했다. 하드웨어 클러스터 위에 소프트웨어 생태계가 쌓이면서 오늘날의 종합 벤처 클러스터로 진화한 것이다. 보스턴의 바이오테크 클러스터도 마찬가지다. 하버드, MIT, 터프츠대학교와 메사추세츠 종합병원 같은 세계적 연구·의료 인프라가 밀집된 환경 위에서 바이오 스타트업이 성장했다. 켄달스퀘어

Kendall Square가 '생명과학 혁신의 심장부'로 불리는 데는 이유가 있다.

이 같은 지역 집중은 벤처기업에게 생존 조건이다. 클러스터는 창업자에게 풍부한 인적 자원과 사회적 자본, 그리고 재무 자본을 동시에 제공한다. 여기서 형성되는 네트워크는 초기 기업이 가장 취약한 시기를 버텨내는 핵심 안전망이다. 스타트업은 인재, 자본, 정보, 네트워크가 밀집될수록 살아남을 가능성이 커진다. 국가 경쟁력 이론을 정립한 하버드 경영대학원의 마이클 포터 교수 역시 클러스터의 중요성을 반복해서 강조해왔다. 이것은 이념의 문제가 아니라, 전 세계에서 검증된 경험적 사실이다.

이런 관점에서 보면, 한국에서 반복되는 '스타트업의 지역 분산' 논의는 근본적으로 위험하다. 광역자치단체 단위로 창업센터를 만들고, 각 지역마다 클러스터를 조성하겠다는 발상은 클러스터라는 개념 자체를 오해한 결과다. 클러스터는 골고루 존재하는 구조가 아니다. 한 곳에 쌓일 때 비로소 힘을 발휘한다. 밀도를 나누는 순간 네트워크 효과는 급격히 약화되고, 결국 지역마다 비슷한 간판만 남는다. 성과는 축적되지 않고, 성공 사례는 재생산되지 않는다. 이 정책이 더 위험한 이유는 선의로 추진되기 때문이다. 지역을 배려한다는 명분은 강력하고, 반대하는 쪽은 쉽게 냉소적으로 보인다. 그러나 결과적으로 이 방식은 스타트업의 성공 확률을 낮추고, 국가 성장 엔진을 갉아먹는다.

선택과 집중을 회피할 수 없다. 하지만 우리에게는 이미 분명한 옵션이 있다.

서울은 초고밀도 공간이다. 대부분의 핵심 인프라가 집중되어 있다. 이 밀도는 불행하게도 주거와 삶의 질 측면에서는 많은 문제를 야기한다. 하지만 벤처 생태계의 관점에서는 명백한 국가적 자산이다. 세계적인 벤처캐피탈 중 하나인 알토스 벤처스Altos Ventures의 한킴 대표가 강조했듯, 서울의 높은 인구 밀도는 모바일 플랫폼에게 무척이나 유리한 환경이다. 뉴욕이나 LA보다 훨씬 높은 밀집도 덕분에 한국에서는 상대적으로 더 낮은 비용으로 사용자 확보가 가능했고, 쿠팡과 배달의민족 같은 서비스는 이 환경 위에서 유니콘으로 성장했다.

스타트업의 경쟁력은 결국 속도다. 이는 대기업이 구조적으로 갖기 어려운 특성이다. 도시의 높은 인구 밀도는 스타트업의 속도를 극대화한다. 인재 확보부터 자본 공급까지 병목이 적다. 서울이라는 공간이 가진 힘은 이미 증명되고 있다. 이를 인위적으로 분산시키는 것은 성공 확률을 스스로 낮추는 선택이다. 스타트업 정책에서만큼은 "서울을 덜 키우자"보다 "서울의 강점을 정확히 인식하고 극대화하자"는 접근이 훨씬 합리적이다.

다만 하나의 클러스터에만 의존하는 것도 리스크가 있다. 그래서 필요한 것이 이중 축이다. 내륙형 클러스터와 해상형 클러스터를 함께 가져가는 전략이다. 이는 지역 안배를 위한 타협이 아니라, 서로 다른 산업 구조에서의 성공 확률을 동시에 높이기 위한 설계다.

해상형 클러스터는 조선, 해운, 해양 에너지, 해양 모빌리티 같은 산업을 중심으로 형성된다. 이 영역의 스타트업은 바다와의 물리적 근접성이 중요하다. 내륙형 도시인 서울에는 구조적 한계가 있다. 바다는 여전히 기회의 공간이다. 미-중 갈등 속에서 미국은 군사적 우위를 유지하기 위해 해군력 강화에 막대한 투자를 이어가고 있다. '바다를 지배하는 자가 세계를 지배한다'는 오랜 격언은 여전히 유효하다. 이런 흐름 속에서 한국의 조선업은 전략적 수혜를 받고 있으며, 미국의 핵심 파트너로 자리매김하고 있다.

조금 더 시계열을 돌려보자. 유럽 최대 항만 중 하나인 네덜란드의 로테르담이 처음부터 거대한 경제 거점이었던 것은 아니다. 그러나 19세기 후반, 네덜란드 정부는 한 가지 사실을 정확히 인식했다. 바다로 나가는 통로를 장악하지 못하면, 산업 국가로의 도약은 불가능하다는 점이다. 라인강과 마스강을 따라 형성된 내륙 산업 지대의 생산물은 결국 바다로 나가야 했고, 그 출구를 누가 통제하느냐가 국가 경쟁력을 좌우했다.

로테르담은 단순한 항구로 머무르지 않았다. 항만을 중심으로 운하, 철도, 에너지 인프라가 결합되었고, 이후 정유·석유화학·금융·물류 서비스가 하나의 공간에 중첩되며 거대한 클러스터로 진화했다. 중요한 점은 이 과정이 특정 기업의 성공이 아니라, 항만을 축으로 한 가치사슬 전체의 집적을 목표로 설계되었다는 것이다. 그 결과, 로테르담은 물류를 처리하는 도시가 아니라 유럽 대륙의 산업과 자본이 모이는 관문이 되었다.

이 사례가 시사하는 바는 명확하다. 바다 접근권은 단순한 교통 인프라가 아니라, 국가와 산업의 선택지를 결정하는 구조적 변수라는 점이다. 바다에 직접 접근할 수 있느냐의 여부는 물류 비용을 넘어 산업 입지와 투자 판단, 심지어 외교·안보 전략에까지 영향을 미친다. 이는 과거의 이야기만이 아니며, 최근 에티오피아 사례가 이를 다시 한번 상기시킨다. 한때 해양 국가였던 에티오피아는 독립 과정에서 바다 접근권을 상실한 이후, 국가 경제의 상당 부분을 타국 항만에 의존하게 되었다. 그 결과, 해양 접근권은 단순한 경제 문제가 아니라, 국가 주권과 생존의 문제로 재등장했다.

이처럼 바다의 중요성이 반복적으로 드러나는 이유는 단순하다. 전 세계 무역 물동량의 대부분은 여전히 해상 운송에 의존하고 있다. 항공과 디지털 기술이 발전했음에도 원자재와 에너지, 대량 생산품의 이동은 바다를 벗어날 수 없다. 더 나아가 오늘날의 디지털 경제조차 바다와 분리되어 있지 않다. 우리가 사용하는 데이터의 상당 부분은 해저 케이블을 통해 이동한다. 눈에 보이지않을 뿐, 바다는 물류뿐 아니라 정보와 자본이 흐르는 물리적 기반이다. 여기에 환경이라는 거대한 변수가 더해진다. 기후 변화는 인류의 생존과 직결되는 문제다. 탄소 규제라는 글로벌 어젠다는 한국이 피할 수 없는 현실이다. 한국해양수산개발원의 연구에 따르면 컨테이너 선박 한 척은 디젤 승용차 약 5,000만 대분의 황산화물과 트럭 50만 대분의 초미세먼지를 배출한다. 이 맥락에서 친환경 선박에 대한 수요는 빠르게 증가하고 있으며, 이는 조선업과 관련 벤처의 경쟁력이 높은 한국에게 분명한 기회로 작용할 수 있다. 내륙형 클러스터와 해상형 클러스터를 함께 준비해야 할 당위성은 충분하다.

해상형 클러스터의 가장 유력한 후보지는 부산이다. 부산은 한국 최대의 항만 도시이며, 조선업의 핵심 거점인 거제와 울산과도 물리적으로 가깝다. 여기에 북극항로라는 구조적 호재가 더해진다. 지구 온난화로 북극항로가 열리면서 러시아 북부 해안을 따라 유럽과 아시아를 잇는 새로운 항로가 현실화되고 있다. 수에즈 항로 대비 항해 거리를 30~40% 단축할 수 있게 되었다.

서울대학교 김태유 교수는 "19세기 영국의 런던, 20세기 미국의 뉴욕처럼 새로운 거대 항구가 등장할 것"이라며, 이를 "지정학적 저주를 축복으로 바꿀 기회"라고 표현했다. 2030년 전후로 완전한 상업 운항이 가능해질 경우, 부산항을 북극항로의 핵심 거점으로 육성하는 것은 국가 차원의 전략 과제가 된다. 부산 스타트업 클러스터는 그 연장선에 있다.

다시 한번 강조하지만, 지역 균형 발전과 스타트업 생태계 확장을 동일 선상에 놓아서는 안 된다.

모두 중요한 주제이지만 본질적으로는 다른 문제다. 지역 균형 발전은 국가 운영의 문제이고, 스타트업은 국가 성장의 문제다. 이 둘을 같은 도구로 해결하려는 순간, 균형도 성장도 모두 어중간해진다. 집중해야 한다. 하나의 집중이 아니라, 두 개의 집중이다. 서울과 부산은 정치적 타협의 산물이 아니라, 한국에게 주어진 조건 속에서 도출되는 현실적인 설계다.

서울은 서울이 할 일을 하면 되고, 부산은 부산이 해야 할 일을 하면 된다.

9장

창업가 우선주의

벤처 생태계의 핵심은 창업자다. 생태계를 키우고 싶다는 방향성이 분명하다면, 국가의 디렉션 역시 명확해진다. 창업자를 도와야 한다. 필자는 이를 '창업가 우선주의'로 지칭하려고 한다.

스타트업 생태계를 키우고자 하는 정부의 의지는 명확해 보인다. 대의와 명분도 충분하다. 하지만 테이블 위에 올라와 있는 어젠다가 지나치게 많다. 우선순위 설정이 필요하다. 1순위를 꼽아야 한다면 그건 창업자를 위한 정책일 것이다. 모든 아이디어를 나열할 수는 없겠지만, 이번 장을 통해 몇 가지 방향을 제안해보고자 한다.

첫 번째 축은 엔젤 투자자를 위한 세제 혜택이다.

필자는 앞서 초기 창업 생태계에 자본이 고갈되고 있는 문제점을 지적한 바 있다. 특히 극초기 단계는 의사결정 구조가 무거운 기관투자자가 접근하기 쉽지 않다. 반면 엔젤(개인) 투자자는 다르다. 빠른 의사결정이 가능하고, 사업의 실패를 징벌penalize 하려고 하지 않는다. 이들은 단순히 돈만 넣는 존재가 아니다. 회사에 고용되어 있지는 않지만, 주주로서 창업자를 자신의 일처럼 돕는 경우가 많다. 본인들이 가진 전문성을 활용하여 사업 전략을 함께 고민해주고, 각자의 네트워크를 활용해 인재와 자본을 연결해준다. 그렇기에 창업가 우선주의를 말하면서 엔젤 투자자를 정책의 주변부에 두는 것은 논리적으로도, 현실적으로도 맞지 않는다.

현재 한국의 엔젤 투자에는 소득공제와 양도소득세 비과세라는 제도적 지원이 존재한다. 투자자는 투자한 연도 또는 그 이후 2년 이내에 선택한 1개 과세 연도의 종합소득 금액에서 소득공제를 받을 수 있다. 구체적으로는 3,000만 원까지 투자 금액의 100%를 공제받을 수 있고 3,000만 원 초과 5,000만 원 이하는 초과분의 70%를 공제받고 5,000만 원 초과분은 30%가 공제된다. 다만 공제 한도는 종합소득 금액의 50% 이내로 제한된다.

정책의 취지는 무척 좋고 필자도 적극적으로 지지한다. 다만 숫자가 아쉽다. 현재의 물가 상황을 고려하면 3,000만 원이라는 기준은 참 애매하다. 이 금액은 창업자에게도 엔젤 투자자에게도 '의미 있는 투자'가 되기 어렵다. 극초기 단계에서는 보통 5,000만 원에서 1억 원 정도의 투자를 유치한다. 이 정도 금액이 되어야 엔젤로 참여하는 투자자도 실질적인 파트너의 기능을 할 수 있고, 돈을 받는 스타트업도 'MVP^{Minimum Viable Product, 최소기능제품}'를 만들어볼 수 있다. 물론, 다른 방법도 있긴 하다. 여러 명의 엔젤에게 동시에 투자를 받는 것이다. 하지만 이럴 경우 주주명부가 지저분해지고, 이는 후속 투자를 받을 때도 오히려 불리하게 작동할 수 있다.[3]

세액 공제 기준을 올려줘야 한다. 세수 관점에서도 큰 문제가 없어 보인다. 한국의 연간 엔젤 투자 규모는 약 5,000억 원 수준에 불과한데, 이 중 일부에 대해 100% 소득공제 구간을 1억 원까지 확대하더라도 실질적인 세수 감소는 제한적이다.

---

[3] 기관은 최소의 주주가 회사 지분을 소유하는 단순한 구조를 선호한다. 중후기부터는 숫자가 늘어날 수 있지만, 초기부터 주주명부가 복잡하면 VC의 투자 결정이 더 어려워질 수 있다는 뜻이다.

더구나 소득공제는 세금을 환급하는 방식이 아니라 과세표준을 낮추는 구조다. 단기적인 세수 감소만을 이유로 이 제도를 주저하는 것은 지나치게 근시안적인 판단이다. 그 결과로 수천억, 수조 원 규모의 벤처기업이 탄생하고, 고용이 창출되며, 수출로 외화벌이까지 한다면 국가 입장에서의 손익계산서는 플러스가 될 것이다. 세금의 관점에서도 법인세 확대와 고용, 임금 증가에 따른 개인 소득세 확대를 모두 기대할 수 있다. 면밀한 검토가 필요하겠지만, 정책 ROI^{Return On Investment}(투자수익률) 관점에서 엔젤 투자 세제 혜택은 상당히 효율적인 수단으로 보인다.

하나 더 짚고 넘어가야 할 지점은 신주와 구주의 구분이다. 현재 엔젤 투자 세액공제는 신주 투자만을 대상으로 한다. 그러나 구주 투자가 창업자를 돕는다는 본질은 다르지 않다. 초기 창업자의 유동성을 일부 해소해주는 구주 투자 역시 창업자의 생존과 장기적 의사결정을 가능하게 만드는 중요한 장치다. 형식적 기준으로 신주와 구주를 나누는 것은 창업가 우선주의라는 철학과 맞지 않는다.

세액공제가 되는 금액의 차이를 두는 것도 하나의 방법이다. 예컨대 신주 공제가 1억 원까지 된다면, 구주 투자 공제를 5,000만 원 수준으로 설정하는 방식도 고려해볼 수 있겠다.

두 번째 축은 스타트업의 고용과 노동 유연성이다.

예민한 주제다. 조심스럽게 얘기하자면, 한국의 노동시장은 지나치게 경직되어 있다. 주 52시간 근로시간제는 노동자 인권이 충분히 보호받지 못하는 특정 영역에서는 분명 의미 있는 제도다. 수익원이 안정화되어 있고 시스템까지 잘 구축된 대기업에서는 큰 문제 없이 소화할 수 있는 정책이라고 본다. 하지만 스타트업은 본질적으로 다르다. 스타트업은 프로젝트를 중심으로 움직이고, 특정 시점에는 단기간의 극단적인 몰입이 필요하다. 속도가 생존을 좌우하는 환경에서 동일한 기준을 일률적으로 적용하는 것은 공정이 아니라, 구조적 불리함을 제도화하는 것에 가깝다.

엔비디아의 젠슨 황은 강도 높은 근무 환경을 추구하는 경영자로 잘 알려져 있다. 《엔비디아 레볼루션》에서는 회사 임원이 저녁 9시 30분에 퇴근하자 동료로부터 "반차를 쓰느냐"는 말을 들었다는 일화가 소개된다. 주 7일 근무와 새벽 근무도 빈번하지만, 엔비디아의 이직률은 5% 미만으로 반도체 업계 평균(17.7%)보다 현저히 낮다.[4] 미국의 '화이트칼라 이그젬션white-collar exemption(미국 등 일부 국가에서 일정 연봉·직무 기준을 충족하는 화이트칼라 근로자에게 초과 근무수당 지급 의무를 면제하는 제도)'이나 일본의 '고도 프로페셔널 제도(일본에서 고도로 전문적인 지식과 재량을 가진 근로자에게 근로시간, 휴게, 휴일, 심야 할증임금 등 노동기준법상 규정의 적용을 일부 면제하는 제도)' 등은 소득과 직무 기준에 따라 폭넓은 유연성을 인정하는데, 한국은 상대적으로 경직된 제도를 유지하고 있다. 스타트업 전문 매체 플래텀에 따르면 스타트업 종사자의 64.6%가 보상 조건이 충족된다면 주 52시간 이상 근무할 의향이 있다고 답변했으나, 제도적 뒷받침은 부족한 상황이다.

해고 문제도 마찬가지다. 스타트업은 기본적으로 규모가 작기 때문에 잘못된 채용 하나가 팀 전체를 무너뜨릴 수 있으므로 빠른 레이오프lay-off가 필요한 상황이 적지 않다. 그러나 한국에서는 수습기간 내에 결정을 내리지 않는 한, 퇴로가 극히 제한적이다. 특히 5인 이상 사업장은 해고에 대해 '정당한 이

---

4 시가총액이 급등하면서 엔비디아의 이직률은 2025년 2%대로 떨어지기도 했다.

유’를 엄격하게 요구받는다. 단순한 성과 부진이나 팀 내 불화만으로는 해고가 인정되기 어렵고, 개선 기회 제공 등 충분한 노력이 선행되어야 한다. 이로 인해 한국은 OECD 국가 중 ‘해고 비용 및 규제’가 두 번째로 높은 나라로 평가되기도 한다.

노동자의 인권은 중요하다. 이는 양보의 대상이 아니다. 빠른 산업화 과정 속에서 다수의 근로자들은 불합리한 처우를 받았고, 국가의 영웅들은 이를 개선하기 위해 목숨을 바쳐 싸웠다. 현재 우리에게 주어진 노동 환경은 이런 처절한 싸움 속에서 얻어낸 값비싼 성과다. 다만, 이제는 밸런스도 함께 고민해야 한다. 스타트업에는 다른 기준점을 적용해야 한다는 뜻이다. 생존 자체가 불확실한 벤처기업에게 대기업과 공공기관의 근로 기준을 동일하게 적용하는 것은 결과적으로 창업과 도전을 위축시키는 요인이 된다.

민감한 주제이기에 국민적 공감대를 형성하는 과정이 분명 필요하다. 시작점으로는 스타트업 클러스터를 먼저 조성하고, 그 안에서만큼은 채용과 해고의 유연성을 인정하는 샌드박스를 운영하는 방식을 검토해보면 어떨까? 전 세계 경쟁자들과

동등한 조건에서 싸워도 이기기 어려운 현실 속에서 우리의 창업자들에게 조금이라도 더 제도적 관대함이 허용될 수 있기를 바라본다.

세 번째 축은 차등의결권이다.

한국에서는 2023년부터 비상장 벤처기업에 한해 차등의결권, 즉 복수의결권 주식 발행이 제한적으로 허용되었다. 상법상 '1주 1의결권'이라는 대원칙에 대한 중대한 예외였고, 수년간의 논의 끝에 어렵게 도입된 제도였다. 그 자체로 의미 있는 진전임은 분명하다. 창업자가 대규모 투자를 유치하는 과정에서 불가피하게 지분율이 희석되더라도, 경영권을 위협받지 않고 안정적인 환경에서 장기적인 비전을 이어갈 수 있도록 하겠다는 문제의식이 제도의 출발점이었기 때문이다.

현행 제도에 따르면 창업주는 1주당 최대 10개의 의결권을 부여받을 수 있으며, 투자 유치로 인해 지분율이 30% 아래로 떨어지거나 최대주주 지위를 상실하는 경우 등에 한해 차등의결권 주식을 발행할 수 있다. 이는 단기 성과 압박에 흔들리지 않고 기업을 성장시키기 위한 최소한의 안전장치라는 점에서 취지 자체는 충분히 공감할 만하다. 실제로 구글과 메타를 비롯한 글로벌 테크 기업들은 차등의결권 구조를 활용해 창업자의 비전을 일관되게 유지하며 성장해왔다. 국내에서도 쿠팡이 뉴욕증시에 상장할 당시 차등의결권 제도의 부재가 주요 제약 요인으로 거론되면서 이 제도의 필요성이 더욱 부각되었다.

하지만 문제는 현행 제도가 지나치게 제한적이라는 점이다. 한국에서는 기업이 상장하는 순간, 차등의결권이 소멸된다. 벤처기업의 여정은 상장으로 끝난다는 전제를 깔고 있는 것처럼 보이지만 현실은 그렇지 않다. 다수의 벤처기업에게 상장은 끝이 아니라 오히려 시작이다. 알테오젠이나 셀트리온처럼 상장 이후에야 비로소 글로벌 시장에서 본격적인 성과를 만들어낸 기업들이 이를 잘 보여준다. 예시로 든 바이오 신약 기업의 경우 연구개발 과정에서 막대한 자금이 투입되고, 그 과정에서 창업자 지분 희석dilution은 구조적으로 불가피하다. 상장 이후에도 대규모 자본 조달과 추가적인 희석이 반복되는 산업 특성상, 창업자의 경영권은 언제든 흔들릴 수 있다.

해외 사례와 비교하면 이 간극은 더욱 분명해진다. 쿠팡의 김범석 이사회 의장은 상장 당시 보유 주식 1주당 29배의 차등의결권을 부여받았고, 지분율은 약 10% 수준이었지만 의결권은 80%에 육박했다. 반면 한국에서는 1주당 최대 10개가 상한선이며, 상장 이후 일정 시점이 지나면 차등의결권이 자동으로 소멸된다.[5] 벤처기업이 상장하면 역할이 끝나는 것이 아니라, 오히려 그 시점부터가 더 긴 경쟁의 출발점임에도 불구하고, 가장 중요한 창업자의 힘을 빼버리는 구조인 셈이다. 쿠팡이 좋은 기업인지 나쁜 기업인지를 논하려는 것은 아니다. 여기서 강조하고 싶은 것은 개별 기업의 평가가 아니라, 우리가 벤치마킹하는 주요 국가들과의 제도적 거리감이다. 미국과 싱가포르에서는 이러한 시스템이 이미 안착되어, 혁신 기업의 장기 성장을 뒷받침하는 핵심 인프라로 기능하고 있다.

다만, 차등의결권이 부당한 경영권 방어나 세습의 수단으로 악용될 가능성은 분명 존재한다. 이는 많은 국민이 우려하는

---

5 한국은 상장 이후 3년이 지나면 차등의결권이 자동으로 전환되도록 법으로 명시하고 있다. 미국에서는 상장 후 일정 기간이 지나면 차등의결권이 소멸되도록 하는 규정을 법으로 두고 있지는 않다. 다만 일부 기업들은 정관을 통해 시장 및 투자자 의견을 반영한 '일몰sunset' 조항을 자발적으로 설정하고 있으며, 이 경우 6~10년 수준의 기간이 논의되기도 한다. 한편 메타와 같은 글로벌 빅테크 기업은 법적 기간 제한 없이 차등의결권 구조를 유지할 수 있도록 설계된 사례로 자주 언급된다.

내용이지만, 다행히도 상당 부분은 이미 현행 제도에서도 선제적으로 차단되어 있다. 일단 대상부터 명확하다. 벤처기업에 한해 적용되며, 대기업은 해당 사항이 없다. 더불어 차등의결권 주식은 창업자 '개인'에게만 귀속되어, 상속이나 증여되는 순간 즉시 1주 1의결권의 보통주로 자동 전환된다. 다시 말해 차등의결권은 가족이나 특수관계인에게 이전될 수 없고, 세대를 넘어 유지되는 구조 자체가 법적으로 허용되지 않는다. 창업자의 실질적 경영 참여를 요구하는 내용 역시 이미 포함되어 있다. 차등의결권을 보유한 창업자가 대표이사나 이사직에서 물러나는 경우, 해당 주식도 마찬가지로 보통주로 전환된다. 명목상 창업자 지위만 유지한 채 경영에는 관여하지 않으면서 강한 의결권만 행사하는 구조는 원칙적으로 허용되지 않는다. 이 같은 안전장치들을 고려하면, 차등의결권을 둘러싼 논쟁의 핵심은 '설계의 정밀도'로 압축된다. 앞서 언급한 몇 가지 페인 포인트를 보완하는 방식으로 개선한다면 제도의 취지가 더욱더 빛날 것이라고 생각한다.

엔젤 투자 세제 혜택, 노동시장 유연화, 차등의결권 보완과 같은 어젠다는 소수를 위한 특권이 아니다. 장기적인 혁신을 가능하게 하는 안전장치에 가깝다. 창업가 우선주의란, 당면한 현실을 직시하고 제도의 디테일을 한 걸음 더 앞으로 밀어붙이는 선택을 의미한다. 창업자 없는 벤처 국가란 존재하지 않는다. 0에서 1을 만드는 창업자들을 위한 세밀한 정책의 설계가 중요할 수밖에 없다. 신은 디테일에 있다^{God is in the detail}.

10장

역사를 뛰어넘는 경제적 연대

우리의 역사는 고난의 연속이었다. 이원복 작가는《먼나라 이웃나라》에서 한반도가 약 3,000번가량 침공받았다고 서술했다. 정확한 숫자에 대해서는 갑론을박이 있지만, 세계 열강들에 둘러싸여 치열하게 생존을 고민해야만 했다는 점은 분명한 사실이다. 역사적으로 봤을 때 특히 일본과의 관계가 아팠다. 임진왜란부터 일제강점기까지 슬픈 기억들이 가득하다. 근현대사의 깊은 상처이기에 지금도 이 주제를 꺼내는 일은 쉽지 않다.

그럼에도 불구하고, 대한민국의 벤처 국가론을 논하며 이 문제를 비켜갈 수는 없다. 이유는 명확하다. 일본과의 경제적 연대가 선택이 아닌 필수가 되었기 때문이다.

한국은 저성장, 저출생, 고비용이라는 삼중 압력에 갇혀 있다. 내수시장은 구조적으로 작고, 노동력은 빠르게 줄어든다.

부동산은 자본을 묶어두고 있고, 미-중 갈등은 글로벌 시장의 성격을 근본적으로 바꿔놓았다. 강력한 동맹국인 미국조차 점점 더 노골적인 청구서를 들이민다. 이런 환경에서 한국이 지금처럼 고립된 단일 시장으로 남아 있다면, 저성장을 벗어날 현실적인 방법은 많지 않다. 개별 정책과 미시적 대응만으로는 한계가 명확하다. 국가 차원의 더 큰 전략이 필요하다.

결론은 의외로 단순하다. 우리는 외교를 통해 판을 키워야 한다. 필자가 'VC 스타트업'을 주제로 강연을 나가면 늘 강조하는 지점이 있다. 바로 시장의 크기다.

10조 원 시장에서 10%를 차지하면 1조 원이지만, 100억 원 시장에서는 100%를 가져와도 100억 원이 한계다. 규모는 기회의 상한선을 결정한다. 국가 전략도 다르지 않다. 지금의 한국 시장은 너무 작고, 인구는 빠르게 줄어들고 있다. 이 안에서 아무리 효율을 높여도 성장의 총량은 쉽게 늘어나지 않는다.

여기서 우리는 질문을 던져볼 수 있다. 한일 경제를 단순한 '협력' 수준이 아니라, 사실상 하나의 경제 블록으로 묶으면 어떨까. 일본의 GDP는 약 4조 달러, 한국은 약 2조 달러다. 이 둘을 합치면 6조 달러 시장이 된다. 미국, 중국, EU 다음으로 세계 4위권 경제 블록이다. 흔히 이런 이야기를 두고 '숫자 놀음'이라 말하지만, 경제는 규모가 일정 임계치를 넘는 순간, 성질 자체가 달라진다. 한국이 안고 있는 '작은 시장의 한계'라는 제약이 이 한 번의 조합으로 의미 있게 완화될 수 있다. 실리콘 밸리와 같은 글로벌 자본이 한국을 바라보는 관점 역시 달라질 수밖에 없다.

이 변화는 가장 먼저 스타트업과 벤처 생태계에서 나타난다. 현재 한국과 일본의 VC·스타트업 시장은 완전히 분리되어 있다. 자본과 인력 모두 따로 움직인다. 하지만 한일 통합 스타트업 시장이 형성된다면 상황은 달라진다. 상장 시 도쿄와 서울을 모두 선택할 수 있게 하고, 비자 제도를 정비해 인력 이동의 장벽을 낮추면? 물리적 이동이 필요 없는 영역에서는 원격 근무를 통해 양국 인재가 하나의 팀으로 일할 수 있게 된다면? 자본의 깊이와 노동시장의 유연성이 동시에 개선된다. 한국의 5,000만 명 시장을 타깃으로 하는 것과 한일 통합 1억 7,000만 명 시장을 타깃으로 하는 것은 꿈의 스케일이 다르다.

바이오헬스케어 영역에서는 시너지가 더욱 빠르게 나타날

수 있다. 고령화가 급속히 진행되는 상황에서 한국이 모든 요양 시설을 국내에 구축하는 방식은 비용 측면에서 지속 가능하지 않다. 보험 체계를 연동해 일본의 의료 인프라를 공동으로 활용할 수 있다면 부담은 크게 줄어든다. 반대로 한국이 경쟁력을 가진 의료 서비스는 일본 환자가 한국으로 와서 이용할 수도 있다. 시장이 개방되면 규제와 법률도 재편될 가능성이 커진다. 소비자 입장에서는 비용은 내려가고 품질은 올라간다. 신약 개발 역시 마찬가지다. 1억 7,000만 명 규모의 인구 풀은 그 자체로 임상 시장의 질적 도약을 의미한다. 기초 연구에 강한 일본과 기술 적응 속도가 빠른 한국이 결합하면, AI 시대의 바이오 전략 역시 훨씬 입체적으로 설계할 수 있다.

에너지도 빼놓을 수 없다. 일론 머스크는 미래 사회에서 가장 중요한 자원은 돈이 아니라 에너지가 될 것이라고 반복해서 말해왔다. AI와 로봇이 확산될수록 문명의 병목은 자본이 아니라, 얼마나 많은 에너지를 안정적으로 확보하고 낮은 비용으로 공급할 수 있는가의 문제로 이동한다. 이런 관점에서 보면 한국과 일본은 모두 불리한 위치에 있다. 에너지 자급률이 거의 0%에 가까운 두 나라는 각자 LNG를 사오고, 각자 저장고를 만들고, 각자 전력을 생산해왔다. 이 구조는 고비용일 수밖에 없다. 그러나 공동 구매, 공동 저장, 잉여 에너지의 상호 활용, 전력망 연계 같은 선택지만 열려도 고비용 구조는 의미 있게 완화될 수 있다. 특히 AI와 같은 딥테크 산업은 에너지 문제를 해결하지 않고서는 다음 단계로 나아가기 어렵다.

실리는 명확하다. 관건은 국민적 공감대다. 이 지점에서 우리는 유럽연합을 떠올린다. 독일과 프랑스는 수백 번의 전쟁을 치르고도 결국 손을 잡았다. 사람, 자본, 상품의 자유로운 이동을 허용하는 거대한 단일 시장은 유럽연합 회원국에게 새로운 경제적 기회를 제공했다. 다만, 유럽연합 모델의 성공 여부에 대한 평가는 관점에 따라 크게 다르다. 유럽연합은 27개국이 참여하는 구조로 설계된 만큼 이해관계가 복잡하게 얽혀 있고 의사결정이 느리다. 하나의 정책에 합의하는 데 수년이 걸리는 일도 드물지 않다.

하지만 이 복잡성이 오히려 한일 경제 연대의 상대적 장점을 분명하게 드러낸다. 한일 연합은 단 두 개 국가만 참여하는 연대다. 이해관계는 훨씬 단순하고, 목표 역시 명확하다. 양국이 공유하는 공통의 과제를 함께 풀면 된다. 그럼에도 이 모든 논의를 꺼내는 순간, 사람들은 다시 감정과 역사의 문제로 돌아간다. 한일 관계라는 말이 갖는 무게를 모를 수는 없다. 그러나 경제는 감정이 아니라 인센티브로 움직인다. 그리고 인센티브가 충분히 커지면 정치와 사회 역시 그 방향으로 움직인다. 사람들이 실제로 이득을 체감하기 시작할 때 여론은 움직이고, 여론이 움직이면 정치가 뒤따른다.

필자는 몇 년 전, 최종현학술원 대표를 맡고 있는 김유석 예일대학 선배로부터 전화를 받았다. "VC 스타트업 관점에서 일본 시장과의 연대를 어떻게 보고 있느냐?"라는 질문이었다. 어떻게 연결하고, 어떤 구조로 만들며, 무엇을 기대할 수 있느냐는 'HOW'를 묻고 싶으셨을 것이다. 당시 내 머릿속을 지배하고 있던 건 부정적인 선입견뿐이었다. 과거에도 비슷한 시도들이 있었지만, '협업'이라는 이름 아래 진행된 파트너십은 번번이 상징적 수준에 머물렀다. 국민적 공감대를 형성하기도 쉽지 않을 거라고 생각했다. 그래서 선배께 만족스러운 답을 드리지 못했고, 통화는 그렇게 마무리되었다.

하지만 묘하게도, 그 질문은 오래 머릿속을 떠나지 않았다. 존경하는 분이 던진 화두라서였을까. 아니면 언젠가 한 번은 반드시 마주해야 하는 질문이었기 때문일까. 이 책을 쓰기로 결심하며 자연스레 연대의 문제에 다시 손이 갔다. '고민했다'라고 표현하는 것보다 '고민을 피할 수 없었다'라는 표현이 더 정확할 것 같다. 과거처럼 성장과 혁신이 견고했다면, 이런 이야기를 꺼낼 필요도 없었을 것이다. 한국도 그렇고 일본도 마찬가지다. 그러나 지금은 생존의 옵션을 고민해야 하는 시점에 들어섰다.

혹자는 질문할 수 있다. 왜 반드시 일본이어야 하는가. 답은 비교적 명확하다. 일본은 지리적·문화적 측면에서 한국과 가장 높은 근접성proximity을 지닌 국가다. 식민지배의 역사는 분명한 상처로 남아 있지만, 그 과정에서 양국은 의도치 않게 깊은 문화적 중첩과 상호 영향을 경험할 수밖에 없었다. 여기에 더해, 고령화라는 인구 구조의 변화 역시 우연인지 필연인지 놀라울 만큼 유사한 궤적을 그리고 있다.

미-중 갈등은 한국과 일본 모두에게 위기이자 기회다. 첨단 기술, 반도체, 소부장과 같은 전략 산업에서 중국에 대한 의존도를 점진적으로 낮추고, 미국을 중심으로 재편되는 새로운 글로벌 공급망 속에서 핵심적인 역할을 확보할 수 있는 여지가 열리고 있기 때문이다. 이런 맥락에서 한국과 일본은 선택의 문제가 아니라 구조적으로 연결될 수밖에 없는 파트너에 가깝다. 흔히 쓰이는 표현이지만, 이 관계를 설명하는 데 있어 '떼려야 뗄 수 없는 사이'라는 말만큼 적절한 문장은 없어 보인다.

앞에서도 여러 번 강조했듯, 대한민국호의 외형은 여전히 그럴듯해 보이지만 내부 엔진은 빠르게 소진되고 있다. 저성장, 저출산, 고비용에 갇혀 탈출구를 찾기 힘든 형국이다. 여러 대안을 제시했지만, 퍼즐 조각처럼 흩어진 대응만으로는 부족하다. 결국 더 큰 판 위에서 나라의 전략을 다시 짜야 한다는 감각으로 이어졌다.

필자가 관찰한 구조와 해법을 공론화하고 싶었다. 이미 많은 문제의식과 해법이 제시되고 있다. 이 글이 그 흐름에 아주 작은 보탬이라도 되기를 바란다.

11장

먹거리

11장은 필자가 주목하고 있는 몇 가지 시장market에 대한 이야기로 채워보려 한다. 대한민국의 중요한 성장 엔진이 될 것으로 믿는다. 우리가 잘할 수 있는 영역, 우리가 놓쳐서는 안 되는 영역을 함께 얘기해보려고 한다. 세상을 바꿀 수 있는 시대적 흐름에 대해 질문하고, 그 질문에 대한 답변을 찾기 위한 과정으로 생각해주시길 바란다.

K-바이오, K-헬스케어

한국은 참 독특한 나라다. 공부 좀 한다는 친구들은 의사 진로를 우선적으로 고민한다. SKY에 입학 후 자퇴한 학생이 2022년부터는 2,000명대로 증가했는데, 각자의 사정은 다르겠지만 의학계열 진학을 위한 자퇴생이 늘었다는 것은 공공연한 사실이다. 초등학생 학원에서도 의대 준비반이 생겼다고 하니 '의대 공화국'이라는 표현이 과하지 않다.

더 과열되는 양상을 보이고 있지만 과거에도 의대 선호 성향은 분명 존재했다. 대한민국의 의대는 국가의 가장 유능한 지적 능력을 제일 많이 보유한 집단 중 하나로 봐도 무방하다는 뜻이다. 우려의 목소리가 크다. 안정을 추구하는 사회는 역동성이 떨어질 수밖에 없다는 의견부터 젊은 인재들이 의사와 공무원만 찾으면 '소는 누가 키우냐'는 질문까지 각양각색이다.

필자의 의견은 조금 다르다. 걱정스러운 부분이 분명 있다. 다만, 이를 잘만 활용하면 K-팝, K-반도체 못지 않는 K-바이오, K-헬스케어를 만들 수 있다고 믿는다.

한국은 이미 의료 선진국이다. 뇌졸중은 3대 중증 응급질환 중 하나인데, 대한민국의 뇌졸중 치료는 이미 세계적인 수준이다. OECD가 2025년 발간한 보고서에 따르면 한국의 뇌졸중 치명률은 3.3%로 OECD 평균인 7.7%보다 유의미하게 낮다. 암 치료도 마찬가지다. 한국의 위암 5년 생존율은 77.5%로 미국 33.1%, 영국 20.7%보다 훨씬 높다. 모든 암종을 놓고 봐도 한국의 5년 생존율은 70.6%로 미국의 69.2%에 뒤처지지 않는다. 대한민국의 뛰어난 인재들이 많이 모이니 이처럼 탁월한 성과를 만들 수 있었다.

문제는 인력의 구조다. 치료에 지나치게 집중되어 있다 보니 '의사과학자'가 부족하다. 선진국과 가장 큰 차이점이다. 전국의 의대 졸업생 중 연구 의사를 지망하는 인력은 극소수다. 대학병원 교수조차 학교를 떠나 개원을 택하는 이들이 늘고 있다. 세계 의료시장 규모는 약 1조 5,000억 달러로 추정되는데, 한국은 이 중 약 2%를 차지하고 있는 것으로 파악된다. 2%의 파이 중 국내 의사들이 직접적으로 기여한 부분은 미미하다. 환자 치료가 우선이다 보니 연구가 후순위로 밀린다.

치료 의사는 수백 명의 환자를 구할 수 있지만 의사과학자는 인류를 구할 수도 있다. 에볼라 치료제를 만든 의사과학자는 세계 50위 안에 드는 제약 기업을 만들었다. 화이자의 코로나 백신을 만든 '바이오엔테크BioNTech'라는 스타트업의 창업자인 '우구르 사힌Ugur Sahin'도 대표적인 의사과학자다. 이들이 만드는 바이오헬스케어 기업은 엄청난 규모의 해외 매출을 일으

킬 뿐만 아니라, 수십 만의 고용을 창출할 수 있는 가능성도 가지고 있다.

더 많은 의사과학자 양성이 필요하다. 의대 선호 성향이 아주 강한 국가이기 때문에 세계적인 수준의 의사과학자가 충분히 나올 수 있다. 시장도 매력적이다. 고령화는 피할 수 없는 흐름이다. 바이오헬스케어에 대한 수요가 지속적으로 증가할 수밖에 없다. 제2의 삼성전자, 제2의 SK 하이닉스를 기대할 수 있는 마켓이라는 뜻이다. 국내 VC만 봐도 바이오 시장에 2019년부터 2022년까지 매년 1조 원이 넘는 투자금을 집행했다. 2023년에는 하향 조정되었으나, 2024년과 2025년에는 다시 조 단위 투자를 집행하고 있다. 기본적으로 바이오헬스케어는 VC라는 모험자본과 매우 잘 맞는 섹터이다.

긍정적인 움직임도 보인다. 의사 출신의 창업자와 벤처투자자가 늘고 있다. 상장에 성공한 AI 헬스케어 스타트업 '루닛'의 투자를 담당했던 IMM의 문여정 심사역은 연세대학교 의과대학을 졸업한 산부인과 전문의다. 루닛의 CEO인 서범석 대표 역시 서울대병원 가정의학과 전문의 출신이다. 최근 시장에서 많은 주목을 받고 있는 '카이헬스'도 좋은 사례다. 이혜준 카이헬스 창업자는 서울대병원 출신 기업인으로, 산부인과 전공 의로서의 전문성을 살려 '난임 인공지능 솔루션'을 개발하고 있다.

하지만 아직은 모든 것이 미약하다. 의사과학자의 불모지로 보는 것이 더 적합해 보인다. 불확실성이 낮은 치료의사에 대한 선호는 여전히 강하고, 리스크가 큰 연구의사를 기피하려는 경향도 지속되고 있다. 창업은 당연히 더 조심스러울 수밖에 없다. 카이스트가 의사과학자 양성을 위해 의학전문 대학원을 만들겠다는 계획을 발표했을 때도 의사협회의 반발이 거셌다. 학교는 인턴 레지던트 과정도 없고 전문의 자격증도 없다고 설명했지만, 협회를 설득하기 쉽지 않았다. 그 과정을 보면 기득권의 밥그릇 지키기처럼 느껴지는 부분이 있었다. 의사의 과잉 공급을 걱정하지만, 의사과학자라는 관점만 놓고 보면 그럴 이유가 전혀 없어 보인다. 바이오헬스케어 산업이 더 커지면 가장 큰 수혜를 받는 곳 중 하나가 바로 의료계다. 정해진 파이 안에서 내 몫을 찾는 것보다 시장의 파이 자체를 더 키우는 것이 모두를 위해 필요해 보인다.

우리는 '퍼스트무버first-mover'는 못해도 '패스트팔로워fastfollower'는 누구보다 잘하는 민족이다. 메모리 반도체의 후발주자로 시작했지만 이제는 세계 시장점유율 50% 이상을 한국기업들이 차지하고 있다. 가전사업도, 조선업도 마찬가지다. 늦게 시작했지만 빠르게 치고 올라가서 결국 1등을 한다. 분명 저력이 있는 민족이다.

대한민국은 작은 나라다. 내수로는 한계가 있다. 우리는 밖에서 답을 찾아야 한다. 방탄소년단의 K-팝에 전 세계인이 열광했다. 5,000만 명밖에 안 되는 인구지만 매년 뛰어난 아티스트들이 등장한다. 천연자원은 없지만 인적 자원만큼은 남 부럽지 않은 나라다.

아카데믹academic하게 봤을 때 우리의 끝판왕은 단연 의대다. K-바이오, K-헬스케어가 기대되는 이유다. 진입장벽이 높은 시장이지만, 가능성은 충분해 보인다. 오늘의 의대 공화국은 비속어에 가깝지만, 내일의 의대 공화국은 그 반대의 의미로 해석되길 기대해본다.

환경, 생존의 문제

환경 문제에 대해 관련 통계와 숫자만을 구구절절 나열할 생각은 없다. 사태의 심각성은 팩트고, 관련 자료는 여러 보고서를 통해 쉽게 확인할 수 있다. 대신, VC의 관점에서 시장의 흐름을 얘기해보려고 한다.

투자는 우선순위를 정하는 작업이다. 투자할 수 있는 대상은 너무 많다. 투자자로서 우리가 해야 할 일은 수많은 투자처 중에 어디에 최우선 순위를 둘 것인지 판단하고, 이를 바탕으로 최상위단의 '투자 논지investment thesis'를 결정하는 것이다. 나의 포트폴리오를 관통하는 한 가지 '큰' 흐름이 있다면 투자자로서 버티는 힘이 생긴다. 잘 버텨야 하는 건 스타트업뿐만이 아니다. 투자자도 마찬가지다.

그런 맥락에서 봤을 때, 현시점에서 필자가 생각하는 가장 강력한 투자 논지 중 하나는 바로 '환경'이다. 이유는 명확하다. 환경은 생존의 문제이기 때문이다. 좋은 옷은 없어도 살 수 있고, 맛있는 건 덜 먹어도 괜찮지만, 환경 문제는 존폐의 이슈로 연결되는 다른 수준의 고민이다. 탄소배출 감축 등 세계 각국이 진행하고 있는 노력들이 실패하면 우리 후손들은 일론 머스크의 주장처럼 지구 밖 행성을 찾아야 할 수도 있다.

특히 자녀가 있는 부모들에게는 상상만으로도 공포다. SF 영화에서나 보던 척박한 지구에서 우리의 아들딸, 손자 손녀가 살아가야 하는 상황은 어떤 방법을 써서라도 막고 싶다. 이런 우려는 돈이 많은 사람들에게도 적용되고, 돈이 없는 사람에게도 적용된다. 막강한 권력자에게도 적용되고, 평범한 시민들에게도 적용된다. 우리는 모두 부모가 있고 누군가의 자녀이기 때문이다.

'자본가'와 '권력자'도 마찬가지다. 지켜야 하는 가족이 있을 것이고, 보호하고 싶은 후손들이 있을 것이다. 환경 문제는 그런 관점에서 생각해야 한다.

음모론을 좋아하는 이들은 세상을 움직이는 극소수의 세력이 있다고 주장하기도 한다. '일루미나티'를 언급하기도 하고 '로스차일드 가문'을 소환하기도 한다. 필자도 모른다. 그럴 수도 있고 아닐 수도 있을 것 같다. 다만, 세계를 움직이는 거대한 그림자 집단이 있다고 한다면 그들은 어떤 생각을 하고 있을까? 작금의 시대라면 그들의 최우선 순위도 결국 '환경'으로 귀결되지 않을까 싶다.

지구의 온도는 산업화 이전과 비교했을 때 3도 이상까지 오를 수 있다는 의견이 속속 나오고 있다. 5,000만 명의 사람이 생존할 수 없는 온도이며, 전 세계에서 산불로 사라지는 토지가 현재의 두 배로 늘어나는 기후 변화다. 아마존이 초원으로 변하고, 미국 뉴욕시는 100년에 한 번꼴로 대홍수를 겪을 수 있다.

일루미나티의 일원이 아니냐는 의혹을 받는 마이크로소프트 창업자 빌 게이츠는 이제 스스로를 환경주의자로 칭하면서 기후 문제 해결에 몰두하고 있다. 아마존의 창업자 제프 베조스는 기후 변화 대처를 위해 100억 달러(한화 약 10조 원)를 기부했고, 우주 사업을 추진하는 '블루오리진'이라는 회사를 설립했다. 음모론의 사실 여부를 떠나 사회 지도층이 환경 문제에 적극적으로 개입하고 있음은 분명한 팩트다.

다시 '투자 논지'로 돌아와보자.

시장은 이미 '환경'이라는 대세적인 프레임 안에서 움직이고 있음을 우리는 어렵지 않게 알 수 있다. 대표적인 예는 전기

차다. 전통적인 산업군으로 분류하면 모빌리티에 포함되지만,
환경 문제 해결을 위한 노력의 일환으로 보는 것이 더 적절하
다. 이차전지의 성장 역시 전기차를 기반으로 하고 있기에 마
찬가지로 환경이라는 논지 안에 들어간다.

제2의 슈퍼사이클을 기대하고 있는 조선업도 비슷한 맥락
에서 해석이 가능하다. 탄소 배출을 최소화하려는 친환경 선
박의 수요가 시장의 성장을 견인하고 있다.

조금 더 미시적으로 보면, 대체육을 만드는 스타트업들도
포함된다. 식물성 대체육은 1kg당 탄소발자국이 1~2kg이지
만, 소고기는 최대 120kg까지 측정된다. 스마트팜 스타트업도
있다. 과기부 산하 연구기관인 '한국기계연구원'은 도심 고층
빌딩 옥상에 스마트팜을 만들어 온실 채소 등을 재배하면 냉
난방 에너지 20%, 온실가스는 30%를 줄일 수 있다고 말한다.

투자 논지는 언제든지, 얼마든지 조정될 수 있다. 세웠던 가
설이 맞지 않으면 빠르게 조정하는 것 역시 투자자의 역할이기
도 하다. 다만, 인류의 현주소를 봤을 때 '환경'을 뛰어넘을 만
한 강력한 '드라이버driver'가 나오기는 쉽지 않아 보인다. 우리
는 삶의 3대 요소로 의식주를 꼽는다. 그리고 실제로 의식주라

는 영역 안에서 수많은 유니콘이 탄생했다. 하지만 의식주도 지구가 존재할 때 영위할 수 있는 가치들이다. 고민의 레벨이 다를 수밖에 없다.

크립토, 디지털 금융의 미래

크립토는 더 이상 변방의 실험이 아니다. 이미 전 세계 수억 명이 사용하고 있는 하나의 프로덕트product이며, 시장은 수천조 원 규모의 마켓 사이즈를 형성했다. 이를 일시적 유행으로 치부하기에는 파이가 너무 커졌다. 흥미로운 점은 크립토를 공개적으로 부정하던 인물들조차 결국 시장의 흐름을 거스르지 못하고 있다는 사실이다.

"나는 비트코인과 크립토를 좋아하지 않는다"고 말하던 도널드 트럼프 미국 대통령은 '크립토 차르'를 신설하며 기존 입장을 스스로 뒤집었다. JP모건의 CEO 제이미 다이먼 역시 비트코인을 한때 '사기fraud'라고 표현했지만, 회사는 결국 고객들의 비트코인 구매를 허용하기 시작했다. 시장이 개인의 신념을 이긴 사례다.

월드뱅크World Bank에 따르면, 전 세계 인구 약 79억 명 중에서 17억 명이 여전히 '언뱅크드unbanked', 즉 금융 시스템 밖에 있다. 이들은 계좌를 만들 수 없고, 송금과 대출을 비롯한 기본적인 금융 서비스조차 이용할 수 없다. 그렇다면 질문을 바꿔보자. 이들이 애초에 접근할 수 없는 전통 금융 대신, 크립토 기반의 금융 시스템을 사용한다면 어떤 일이 벌어질까?

탈중앙화 금융DeFi을 통해 은행 없이 금융 서비스를 이용하고, 법정통화fiat 대신 스테이블 코인으로 가치를 저장하며, 증권형 토큰Security Token을 통해 기존에 접근할 수 없던 자산을 쪼개 소유한다면? NFT를 통해 디지털 자산의 소유권을 명확히 증명하고 거래할 수 있다면? 크립토는 단순한 투자 대상이 아니라, 금융 접근성 자체를 재정의하는 도구가 될 수 있다.

미국 펜실베이니아대학의 한 연구에 따르면, 대규모 사회적 변화에는 전체의 25%만 확실한 입장을 취해도 충분하다고 한다. 전 세계 언뱅크드 인구만 놓고 보더라도 이미 약 20%에 달한다. 여기에 기존 금융 시스템에 불만을 가진 일부 이용자들만 더해져도 티핑포인트tipping point는 이론적으로 가능하다.

현재 국내 5대 금융지주는 예대마진만으로 매년 40~50조 원에 달하는 이익을 창출한다. 은행업은 인류가 만든 최고의 비즈니스 모델 중 하나이며, 그만큼 막강한 권력을 축적해왔다. 하지만 만약 크립토가 금융 섹터에서 의미 있는 대안을 만들어낸다면, 이 구조는 근본적인 도전을 받게 된다. 크립토가 위협하는 것은 '은행'이 아니라, 은행이 독점해온 시스템 그 자체다.

물론 크립토를 둘러싼 부정적 기억도 분명 존재한다. FTX의 파산, 테라·루나 사태는 시장의 신뢰를 크게 훼손했고, 수많은 스캠 코인은 인간의 욕망이 어떻게 작동하는지를 적나라하게 보여줬다. 그러나 그 와중에도 크립토는 진화를 멈추지 않았다. 비트코인은 디지털 자산에서 희소성이 어떻게 작동하는지를 증명했고, 이더리움은 스마트 컨트랙트를 통해 '프로그래머블 경제'를 가능하게 했다. 심지어 밈Meme 조차 자산화되며, 디지털 세계에서의 소유 개념 자체가 재정의되고 있다.

AI 시대를 상징하는 인물로 꼽히는 OpenAI의 CEO 샘 알트먼이 동시에 블록체인 프로젝트 '월드코인Worldcoin'을 추진하고 있다는 사실은 시사하는 바가 크다. 프로젝트에 대한 평가는 엇갈리지만, 차세대 AI를 설계하는 인물이 크립토 기반의 신원·가치 시스템을 함께 실험하고 있다는 점은 우연으로 보기 어렵다.

실리콘밸리의 전설적 투자자 나발 라비칸트Naval Ravikant는 "AI가 모든 것을 할 때, 유일하게 남는 희소성은 암호화폐Crypto"라고 말한다. AI가 무한히 정보를 생성하는 시대에 블록체인은 '누가 만들었는지', '무엇이 진짜 가치인지'를 증명하는 인프라가 된다는 주장이다. AI 에이전트들이 서로 서비스를 거래하고 데이터를 사고파는 미래 역시, 중앙은행이 아닌 크립토 기반 결제로 작동할 가능성이 높다.

국내에서도 변화의 신호는 분명하다. 네이버와 두나무의 결합 논의는 인터넷과 모바일 시대를 대표하는 기업이 공식적으로 디지털 자산 시장 진출을 선언했다는 의미를 가진다. 미래에셋 박현주 회장은 실물자산 토큰화RWA를 차세대 투자 키워드로 지목하며, 디지털 자산 거래소 인수를 추진하고 있다. 그는 증권 시장의 구조 자체가 바뀔 것이라 말한다.

AI는 기술 장벽이 높아 한국이 후발 주자로 들어갈 수 있는 여지가 제한적일 수 있다. 하지만 크립토는 아직 게임이 끝나지 않았다. 늦었을 수는 있지만, 기회가 사라진 것은 아니다.

AI에만 매몰되어 크립토라는 또 하나의 구조적 변화를 외면한다면, 그것이야말로 더 큰 전략적 오류가 될 수 있다.

12장

국가의 전환, 개인의 선택

벤처 국가로의 전환은 이제 변수가 아닌 상수다. 스타트업의 시대가 오고 있다. 시대의 요구사항도 명확하고, 정부의 방향성 역시 명확하다. 그럼 이제 중요한 질문이 남았다.

'나'는 어떤 선택을 할 것인가?

답은 결국 창업이라는 단어로 귀결된다. 어려운 선택이다. 대기업이라는 지붕은 무척이나 매력적이다. 따뜻한 복지와 밀림 없는 월급은 마약만큼이나 중독적이다. 늦으면 늦을수록 선택은 더 어려워진다. 우리는 이미 100세 시대를 살고 있는데 60대가 정년인 월급쟁이로만 사는 건 라이프 사이클에도 맞지 않다.

이스라엘과 핀란드의 모델은 우리에게 의미 있는 시사점을 던졌다. 미국 뉴욕대학의 아룬 순다라라잔Arun Sundararajan 교수는 기술의 발전으로 인해 '개인'이 생산의 주체가 되고, 창업자의 수가 기하급수적으로 증가할 것이라 예상했다. 우리는 AI를 통해 이미 변화를 체감하고 있다. OpenAI의 샘 알트먼 역시 지금이 스타트업을 시작하기에 '역사상 가장 좋은 시기'라고 표현한 바 있다. AI를 통해 과거 수백 명이 필요했던 작업을 이제는 개인이 수행할 수 있게 되었고, 현재가 기술 발전의 초기 단계이기 때문에 기회가 무궁무진하다는 것이다. 그는 "지금 대학을 졸업하는 젊은이들은 역사상 가장 운 좋은 세대"라고 강조하기도 했다.

하지만 모두에게 창업을 강요할 수는 없다. 정책과 제도가 보완된다 하더라도 창업의 기본값이 '실패'라는 사실은 변하지 않는다. 실패 이후에도 반복적으로 재도전할 수 있는 토양을 국가가 만들어줘야 한다. 그렇게 될 것이라 믿지만, 그렇다고 해서 창업이라는 '힘든 일'이 갑자기 '쉬운 일'이 되지는 않는다. 개인의 성장은 있겠지만, 엄청난 수준의 스트레스를 감내해야 한다. 이는 지금의 대한민국이 무엇보다 중시하는 '안정성'과는 분명한 거리가 있다.

그럼에도 불구하고 필자가 창업을 강조하는 이유는 커리어 패스career path를 고민하는 국면에서 스타트업을 적어도 배제하지는 말자는 메시지를 전하고 싶기 때문이다. 특히 상대적으로 더 과감한 위험 감수가 가능한 20~30대 청년들에게는 창업을 적극적으로 고민해볼 것을 권하고 싶다. 국가가 대전환을 앞둔 상황에서 과거의 성공 방정식을 그대로 따라가는 것이 개인에게는 오히려 더 위험한 선택이 될 수도 있기 때문이다.

메타의 창업자 마크 저커버그는 이렇게 말했다.

"빠르게 변화하는 세상에서, 가장 큰 리스크는 그 어떤 리스크도 감수하지 않는 것이다In a world that's changing really quickly, the biggest risk is not taking any risk."

필자 역시 지난 10여 년간 벤처투자자이자 스타트업의 대표로 세상의 변화를 경험하면서 이 말에 공감하게 되었다. 그리고 만약 이 책을 읽는 독자께서 창업가의 길을 선택한다면, 꼭 전하고 싶은 몇 가지 메시지가 있다.

첫째, 끈기와 대의가 필요하다.

최근 몇 년간 가장 화두가 되는 회사 중 하나는 역시 테슬라다. 많은 사람이 알고 있듯, 테슬라의 CEO인 일론 머스크는 영화 〈아이언맨〉의 주인공인 토니 스타크의 실제 모델이다. 일론 머스크에 대한 시장의 평가는 엇갈리는데, '천재 사업가'라는 별명과 '희대의 사기꾼'이라는 별명을 모두 가지고 있다. 그럼에도 불구하고 명확한 팩트는 일론 머스크가 시대를 대표하는 연쇄 창업가라는 것이다.

일론 머스크는 12살 때 '블래스터'라는 컴퓨터 게임을 만들어 한 잡지에서 게임 소스 코드를 500달러에 판매했다. 23살에는 지역 정보 회사인 '집투 코퍼레이션Zip2 coporation'을 창업하고 지분을 약 269억 원에 매각해 백만장자 반열에 올랐다. 이후 창업한 '페이팔'은 이베이에 인수되며 일론 머스크는 약 2,000억 원의 수익을 얻었다.

이 돈은 머스크가 다른 회사들을 창업하는 기반이 됐는데, 첫 번째로 2002년 6월 민간 우주 항공기업인 스페이스 X를 설립했다. 이와 동시에 '테슬라'의 CEO로서 전기차 시장을 개척했고, 태양에너지 회사인 '솔라시티'에 투자했다. 이 외에도 '뉴럴링크'라는 스타트업을 통해 인간의 뇌와 컴퓨터를 연결하는 프로젝트를 진행 중이며, 100% 태양광 에너지로 운행되는 시속 1,280km의 고속열차 '하이퍼루프'를 개발하고 있다.

여러 분야에서 많은 일을 하고 있다는 생각이 들지만, 그의 사업에는 한가지 공통분모가 있다. 바로 '지속 가능한 미래'라는 키워드다. 머스크의 첫 공식 전기인 《일론 머스크Elon Musk: Tesla, SpaceX, and the Quest for a Fantastic Future》에는 그가 유년 시절 지독한 괴롭힘을 받았다고 기술되어 있다. 이런 과정 속에서 머스크는 삶에 대한 많은 고민을 했다고 한다. 아픈 경험으로 인해 일찍 철이 든 유형인데, 상처가 깊었던 만큼 '인간의 삶'에 대해 더 치열하게 고민했고, 그 고민이 결국 '인류의 지속 가능한 미래를 위해 본인이 어떤 일을 할 수 있을까'로까지 진화한 것이다.

이런 그의 철학을 잘 반영한 사업 중 하나가 바로 스페이스 X다. 머스크는 인류가 지구 종말을 피하기 위해서는 여러 행성을 이동하면서 살 수 있는 다행성종multi-planetary이 되어야 한다고 주장한다. 그러면서 첫 번째 마일스톤으로 '인류의 화성 이주'라는 목표를 세웠고, 스페이스 X라는 기업을 통해 우주 사업을 공격적으로 추진하고 있다. 로켓 발사체를 재사용해 기존 위성 발사보다 낮은 가격에 상업용 위성을 궤도에 올렸으며, 최근에는 최초의 민간 유인 우주왕복선 발사에 성공했다.

머스크가 진행하는 스페이스 X 사업에 대해서 의문을 품는 사람들은 많다. 사업 초기에는 더욱더 그러했다. 전문가들조차 현실성 없는 공상 과학 소설이라며 맹비난했다. 하지만 머스크는 이 같은 시장의 반응을 물음표에서 느낌표로 전환시키고 있다.

머스크의 성공 비결은 무엇일까? 필자가 내린 답은 '끈기'다. 아무리 뛰어난 아이디어와 그것을 실행할 수 있는 지적 능력이 있어도 중간에 포기하면 말짱 도루묵이다. 물질적 보상으로는 한계가 있다. 인간의 욕심은 끝이 없기 때문이다. 끈기는 결국 '대의大義'에서 나온다.

머스크는 한 인터뷰에서 이렇게 얘기했다.

"돈이 저에게 중요한 적은 없었습니다. 제 관심사는 인류의 미래를 위한 문제를 푸는 것이었어요."

시대를 대표하는 창업의 아이콘인 일론 머스크의 대의는 지속 가능한 인류의 미래다. 그는 누군가의 구세주가 되고 싶은 것은 아니며, 그저 인류의 미래를 생각했을 때 슬퍼하고 싶지 않아 노력 중인 것이라고 주장한다.

창업자의 삶은 겉으로는 화려해 보일 수 있지만 고난과 역경의 연속이다. 필자가 멘토로 삼아온 창업자들은 '목숨 걸고' 사업을 한다는 표현까지 사용한다. 단호한 결의 없이는 버티기 어려운 업계다. 이 단호한 결의는 창업자의 비전과 그 비전에 공감하는 팀원들의 믿음을 기반으로 한다. 일론 머스크가 걸어온 발자취는 리더가 품은 '대의'가 얼마나 중요한지를 잘 보여준다.

둘째, 위대한 창업가 옆에는 '금융'이 있었다.

금융finance은 수천 년 동안 인류 역사에서 늘 핵심적인 역할을 해왔다. 사람이 있는 곳에는 반드시 금융이 있다. 우리는 태어나면 병원 원무과에 가서 결제하고, 죽을 때는 화장장에 가서 결제한다. 태어난 시점부터 인생을 마무리하는 시점까지 금융과 관련이 없는 순간은 존재하지 않는다.

기업들도 마찬가지다. 중소기업들은 은행에서 대출금을 받아 사업에 필요한 돈을 보태고 있고, 대기업들은 주식시장에서 회사의 지분을 팔아 자본금을 확보한다. 글로벌 기업도 예외는 없었다.

상품과 서비스에는 시대별 흐름이 있다. 하지만 금융은 다르다. 변화무쌍한 트렌드 속에서도 금융의 가치는 불변한다. 예를 들어보자. 지난 40년만 살펴보면 우리는 PC의 시대를 거쳐 인터넷 시대로 넘어왔고, 인터넷 시대는 스마트폰의 등장과 함께 모바일 시대로 진화했다. 이런 흐름에 맞춰 1970~1980년대는 하드웨어hardware가 강세를 보였고, 1990~2000년대에는 소프트웨어software가 주도권을 잡았다. 2010년대부터는 모바일 플랫폼이 강세를 보였고, 결국 글로벌 시가총액 톱 10을 메타, 애플, 아마존, 넷플릭스, 구글, 테슬라와 같은 테크 공룡들이 장악하게 되었다.

흥미로운 점은 앞에서 언급한 모든 회사가 벤처캐피탈이라는 모험자본을 통해 성장했다는 것이다. 국내도 마찬가지다. '테슬라 1호 상장 요건'을 통해 코스닥 시장에 진출한 전자상거래 플랫폼 '카페 24'와 핀테크의 새로운 지평을 열고 있는 '토스' 역시 VC 투자를 유치하며 사업 확장을 위한 기반을 마련할 수 있었다. 국내 최대 모바일 기업 중 하나인 '카카오'도 마찬가지다. 사업 초기 한국투자파트너스와 같은 벤처캐피탈 자본을 통해 성장의 기틀을 구축했다.

창업자들이 세상을 바꿀 수 있는 멋진 상품과 서비스를 기획했지만, 이를 완성시킨 것은 결국 '금융'이었다.

신대륙을 발견한 콜럼버스도, 대량 생산 혁명에 성공한 포드 자동차도, 스마트폰을 개발한 스티브 잡스의 애플도 시작과 끝은 '금융'이라는 단어로 귀결된다. 기술의 중요성을 폄하하는 것이 아니다. 다만 금융이라는 것이 그만큼 영속적인 가치를 지니고 있으며, 이는 50년, 100년 후에도 다를 바가 없음을 강조하고 싶은 것이다. 디지털 시대에도 예외는 없었고, 더 나아가 'AI 시대', '우주 시대New Space'가 되어도 마찬가지다.

기술이 세상을 바꾼다면, 금융은 그 변화를 가능하게 한다.

셋째, 커뮤니케이션과 창의성은 핵심 역량이다.

아무리 좋은 기술과 제품이 있어도 이를 고객 혹은 투자자에게 제대로 전달communicate하지 못하면 말짱 도루묵이 될 수 있다. 커뮤니케이션 역량은 성공한 창업자들의 공통적인 특징이다.

대표적인 예가 바로 애플의 창업주인 스티브 잡스다. 그의 프레젠테이션은 간단하지만 명료했다. 제품의 핵심 가치를 임팩트 있게 전달하는 그의 능력은 탁월함 그 자체였다. 스티브 잡스는 신제품 발표 때마다 검정 터틀넥에 청바지, 뉴발란스 운동화 차림으로 청중 앞에 나타났다. 정장 차림으로 대중 앞에 서온 대부분의 CEO와는 확연히 다른 모습이었다. 그의 스타일에 많은 사람은 충격을 받았다. 자연스럽게 '애플은 혁신'이라는 이미지가 구축되었다. 그는 '언어'뿐만 아니라 '패션'을 통해서도 소비자들과 커뮤니케이션할 수 있었던 것이다.

그는 직접 프로그래밍하는 엔지니어는 아니었다. 하지만 팀원들을 올바른 방향으로 이끌 수 있는 내공이 있었다. 스티브 잡스는 스스로를 '오케스트라의 지휘자'라고 표현했다. 본인이 직접 악기를 연주하지는 않지만, 그는 연주자들이 모인 오케스트라를 훌륭하게 다루는 리더였던 것이다. 그리고 스티브 잡스의 커뮤니케이션 능력은 그의 리더십을 지탱하는 든든한 버팀목 중 하나였다.

창의력creativity도 마찬가지다. 성공한 창업자들은 시장에 없는 새로운 가치를 발굴하고 이를 사용자들에게 제공한다.

카카오톡을 만든 김범수 의장을 생각해보자. 한 건당 20~30원씩 하던 유료 문자가 당연하던 시절, 그는 카카오톡이라는 무료 문자 서비스를 출시했다. 와이파이만 있으면 텍스트 글자 수 제한 없이 언제든 무료로 문자를 보낼 수 있는 서비스에 사용자들은 열광했다. 출시 1년 만에 사용자 수 1,000만 명을 돌파했고, 현재는 약 4,500만 명의 대한민국 국민이 카카오톡을 사용하고 있다.

말 그대로 '초대박'을 터트린 것이다. 생각해보면 카카오톡은 그렇게 복잡한 서비스가 아니다. 하지만 김범수 의장과 그의 팀은 '문자는 반드시 유료다'라는 고정관념을 버릴 수 있는 역량이 있었고, 우리는 이를 '창의적 사고'라고 표현한다.

창의력은 타고난 재능이 아닌 훈련을 통해 습득할 수 있는 능력이다. 창의력이란 '연관성 없는 것을 연결해 새로운 것을 만들어내는 능력'으로 정의하는 것이 적절하다. 김범수 의장도 '문자'와 '무료'라는 연관성 없어 보이는 두 단어를 연결함으로써 새로운 서비스를 창출할 수 있었다.

성공한 창업자가 되기 위해서는 창의력이 필요하다. 희망적인 소식은 이 핵심 역량이 소수에게만 부여되는 특별한 능력은 아니라는 것이다. 많이 경험하고, 적극적으로 질문하며, 깊이 있게 고민하는 훈련을 통해 틀을 깨는 상상력을 키워보자.

애플의 창업자인 스티브 잡스는 스탠퍼드대학교 졸업식 축사에서 다음과 같이 말했다.

"여러분의 시간은 제한적입니다. 그러니 다른 사람의 인생을 살며 귀중한 시간을 낭비하지 마세요. 가장 중요한 것은 여러분의 가슴과 직관을 따르는 용기를 갖는 것입니다."

아마존의 창업자 제프 베조스는 이런 얘기를 한 적이 있다.

"저한테 아마존을 시작하는 결정은 생각보다 쉬운 일이었습니다. 저는 80살이 되었을 때를 상상해봤습니다. 인생을 돌아보고 있는 제 모습을요. 그리고 한 가지 분명한 사실을 알 수 있었습니다. 80살이 된 제가 아마존을 만들기 위해 시도했던 순간들을 후회하지 않을 것이라는 사실 말이죠."

다시 얘기하건대 창업과 창직의 길은 결코 쉽지 않다. 그 리스크를 온전히 감내하기 어렵다면, 이미 달리고 있는 로켓, 성장 중인 스타트업에 합류하는 선택 역시 현실적인 대안이 될 수 있다. 분명한 사실은 취업이라는 단일한 경로만을 전제로 커리어를 설계하던 시대가 서서히 저물고 있다는 점이다.

벤처 국가로의 전환은 거스를 수 없는 구조적 변화다. 이 변화의 흐름을 인식하고 있는 것만으로도 개인의 선택지는 이전보다 유의미하게 넓어질 수 있다. 이 책이 독자 각자가 처한 위

치에서 자신의 선택을 다시 한번 점검해보는 계기가 된다면,

그것만으로도 역할은 충분할 것이다.

VENTURE
NOMICS

13장

런웨이 Runway

런웨이는 직역하면 활주로라는 뜻이다. 스타트업에서는 현재 보유한 현금으로 추가 투자 유치나 수익 발생 없이 사업을 운영할 수 있는 '생존 가능 기간'을 의미한다. 회사가 몇 개월, 혹은 몇 년의 시간을 더 버틸 수 있는지를 알려주는 핵심 지표다. 투자자와 창업자 모두에게 중요하다.

런웨이가 얼마 남지 않은 스타트업들은 괴롭다. 말라 죽는 느낌에 가깝다. 아이러니하게도 코너에 몰릴수록 생존 확률은 더 낮아진다. 그래서 런웨이를 트래킹한다. 구석에 몰리기 전에 현재의 위치를 정확히 파악하고, 그에 맞춰 선제적으로 대응하기 위함이다.

국가도 다르지 않다.

대한민국의 런웨이는 빠르게 짧아지고 있다. 기체가 아직 견고할 때, 엔진이 완전히 꺼지기 전에 우리는 선택해야 한다. 세계 질서가 고립주의로 이동할수록 국가의 경쟁력은 개인과 가족의 안위로 직결된다. 이 책을 쓰게 된 이유다. '벤처 국가론'이 거의 유일한 해답에 가깝다는 믿음은 결국 《벤처 노믹스》로 이어졌다.

참 어려운 책이다. 마지막 장을 쓰는 지금 이 순간에도 출간을 망설이고 있다. 굳이 유불리를 따진다면, 얻는 것보다 잃는 것이 더 많을지도 모른다. 그럼에도 불구하고 누군가는 말해야 한다고 생각했다. 투자자 investor와 운영자 operator를 함께 경험한 내부 관계자로서, 대한민국의 중심이 되어야 할 벤처 생태계를 대변하고자 했다. 이 책에서는 어설픈 객관성과 형식적인 중립성보다 주관성과 명료함이 더 필요하다고 판단했다. 일종의 사명감이었다.

그래서 나는 숫자를 다시 보게 됐다.

감정이 아니라, 희망이 아니라, 냉정한 수치로.

2%

2026년 대한민국 경제성장률 전망치다. IMF가 전망한 선진국 평균 성장률 1.8%와 크게 다르지 않다. 반도체 산업의 호황과 조선업의 약진에도 불구하고, 우리가 받아들여야 할 현실은 이처럼 냉정하다. 대기업이 주도하고 국가가 뒷받침해온 한국식 경제성장 모델은 이제 분명한 한계에 도달했다. 저성장의 늪이 우리를 붙잡고 있다. 저출산, 고령화, 부동산 문제는 탈출구를 더 좁게 만든다. 여기에 AI가 촉발한 새로운 기술 패러다임은 전례 없는 속도의 파괴적 혁신을 동반하며, 대한민국의 런웨이를 더욱 빠르게 줄이고 있다.

이 늪을 벗어나기 위해서는 새로운 성장 동력이 필요하다. 여러 차례 강조했듯, 답은 벤처에서 찾아야 한다. 그렇다고 대기업을 배척하자는 뜻은 아니다. 삼성, 현대, SK, LG가 지탱해온 토대 위에서 '온전한 새로움'이 만들어져야 한다. 대기업은 수많은 강점을 지니고 있지만, 그중 하나로 '혁신'을 꼽기는 어렵다. 그렇기 때문에 미국과 같은 초대형 시장에서도 매해 새로운 신흥 강자들이 등장하고, 그중 일부가 엔비디아와 테슬라 같은 빅테크로 성장한다. 이스라엘의 스타트업 모델은 전쟁 중에도 흔들리지 않는 산업의 백본backbone을 만들어냈고, 중국의 벤처 정책은 미국조차 경계할 만한 결과물을 쏟아내고 있다.

대한민국 정부의 스탠스는 명확하다. 정치적 호불호를 떠나, 벤처 생태계에 이 정도로 강력한 모멘텀이 형성된 적은 드물었다고 생각한다. 이는 필자만의 판단이 아니다. 스타트업 얼라이언스가 발간한 〈트렌드 리포트 2025〉에 따르면, 창업자의 42.5%가 2026년에는 창업 환경이 긍정적으로 변화할 것이라고 전망했다. 전년 대비 24.9% 증가한 수치다. 대표적인 정책자금인 팁스TIPS 프로그램 역시 지원 폭을 대폭 확대했다. 일반형 R&D는 최대 5억 원에서 8억 원으로, 스케일업 팁스는 최대 35억 원(글로벌 팁스는 최대 60억 원)까지 상향되었다. 13년 만의 지원 단가 조정이다. 정부의 의지가 읽힌다.

물론 숙제도 많다. 같은 리포트에서 해외 시장 진출을 준비하고 있다고 답한 창업자는 41%에 불과했다. 개선되고는 있지만 여전히 절반에도 못 미친다. 글로벌 플레이어가 되기 위해서는 글로벌 스탠더드에 부합하는 규제 합리화도 필요하다.

　AI에 대한 지나친 편중 역시 경계해야 한다. 기술은 수단이지 목적이 아니다. 모든 정책과 담론이 인공지능으로 수렴하는 현재의 흐름은 오히려 우려스럽다. 한 걸음 물러서서, 우리가 글로벌 시장에서 실제로 경쟁력을 가질 수 있는 영역이 무엇인지 더 깊이 고민해야 한다. AI 만능주의를 벗어날 때, 더 큰 성장과 혁신의 가능성이 열린다.

　10년이라는 시간을 벤처 생태계와 함께하며 1,000명 이상의 창업자와 투자자, 그리고 정부 관계자를 만났다. 그 과정에서 성공과 실패를 모두 경험했고, 기쁨과 좌절이 반복되는 사이클을 수없이 지나왔다. 존경하는 많은 선배의 어깨 위에서 이 시간을 통과하며, 하나만큼은 분명해졌다. 지금이 바로 승부처라는 사실이다.

　국가의 관점에서는 더 이상 미룰 수 없는 시점이, 개인의 관점에서는 놓쳐서는 안 될 기회와 정확히 맞물려 있다. 정부는 더 강력한 드라이브를 걸어야 하고, 창업자들은 그 신호에 응답해야 한다. 활주로는 짧아지고 있지만, 이륙에 성공한다면 한계는 정해져 있지 않다.

Only the sky is the limit 가능성에 한계는 없다.

난제를 풀기 위해서는 먼저 문제부터 명확하게 정의해야
한다. 이 책이 그 출발점이 될 수 있다면, 그것으로 충분하다.
이제 공은 주인공에게 넘어간다. 정책가, 투자자 그리고 창
업자에게 필자의 작은 목소리가 닿을 수 있기를 간절히 바란다.

벤처노믹스

초판 1쇄 인쇄 2026년 2월 26일
초판 1쇄 발행 2026년 3월 20일

지은이 김기영
펴낸이 임충진
펴낸곳 지음미디어

편집 정은아, 서민서
디자인 이창욱

출판등록 제2017-000196호
전화 070-8098-6197
팩스 0504-070-6845
이메일 ziummedia7@naver.com

ISBN 979-11-93780-26-8 (03320)
값 17,800원